# 数字经济时代智慧旅游发展
# 与创新管理研究

陈翀　黄石锋　著

延吉·延边大学出版社

图书在版编目（CIP）数据

数字经济时代智慧旅游发展与创新管理研究 / 陈翀，
黄石锋著. -- 延吉 ：延边大学出版社，2024. 9.
ISBN 978-7-230-07167-3

Ⅰ. F59-39

中国国家版本馆CIP数据核字第2024U6W735号

# 数字经济时代智慧旅游发展与创新管理研究

SHUZI JINGJI SHIDAI ZHIHUI LÜYOU FAZHAN YU CHUANGXIN GUANLI YANJIU

著　　者：陈翀　黄石锋
责任编辑：乔双莹
封面设计：文合文化
出版发行：延边大学出版社
社　　址：吉林省延吉市公园路977号　　　邮　　编：133002
网　　址：http://www.ydcbs.com　　　　　E-mail：ydcbs@ydcbs.com
电　　话：0433-2732435　　　　　　　　传　　真：0433-2732434
印　　刷：廊坊市广阳区九洲印刷厂
开　　本：710mm×1000mm　1/16
印　　张：12.5
字　　数：220 千字
版　　次：2024 年 9 月 第 1 版
印　　次：2024 年 9 月 第 1 次印刷
书　　号：ISBN 978-7-230-07167-3

定价：78.00元

# 前　言

在数字经济浪潮席卷全球的今天，智慧旅游作为旅游业与信息技术深度融合的产物，正以前所未有的速度重塑着旅游业的面貌，引领着旅游业向更加智能化、个性化和高效化的方向迈进。

在数字经济时代，信息技术的飞速发展，特别是大数据、云计算、物联网、人工智能等前沿技术的广泛应用，为智慧旅游构建了坚实的基础。这些技术不仅极大地丰富了旅游产品的形态，还深刻改变了旅游服务的提供方式、营销手段及管理模式。智慧旅游可通过数据驱动决策，实现旅游资源的优化配置与高效利用，从而提升旅游服务的质量和效率，满足游客日益增长的个性化、多元化需求。

然而，智慧旅游的发展并不是一蹴而就的，其背后涉及技术、产业、政策等多方面的创新与协同。在技术层面，需要不断探索新技术在旅游领域的应用场景，推动技术创新与旅游业态的深度融合；在产业层面，需要构建开放共享的旅游生态体系，促进产业链上下游企业的紧密合作与协同创新；在政策层面，需要完善相关法律法规，为智慧旅游的健康有序发展提供有力保障。

本书共七章：第一章介绍了智慧旅游的内涵与外延、理论基础等内容；第二章对智慧旅游管理进行了概述；第三章分析了数字经济时代旅游大数据与智慧旅游；第四章从虚拟现实技术、物联网技术等多个角度介绍了数字经济时代智慧旅游相关技术发展；第五章和第六章分别论述了数字经济时代智慧旅游营销和公共服务；第七章阐述了数字经济时代智慧旅游电子商务创新变革。

在撰写本书的过程中，笔者参阅了大量的相关著作和文献，在此向相关著作和文献的作者表示诚挚的感谢和敬意。由于笔者的水平有限，加上时间仓促，书中的疏漏在所难免，恳请各位读者提出宝贵的建议，以便今后修改完善。

笔者

2024 年 8 月

# 目　　录

# 第一章 智慧旅游概述

## 第一节 智慧旅游的内涵与外延

智慧旅游是游客个体在旅游活动过程中所接受的泛在化的旅游信息服务。旅游信息服务是对智慧旅游共同属性的概括，但并不是所有的旅游信息服务都是智慧旅游，只有那些为单个游客提供的无处不在的旅游信息服务，也就是基于游客个体特殊需求而主动提供的旅游信息服务才算是智慧旅游。智慧旅游与旅游信息服务具有以下四层逻辑关系：

第一层逻辑关系是智慧旅游是一种旅游信息服务，表明智慧旅游的最根本属性。旅游信息服务一直伴随着旅游业发展，由于通信技术、互联网技术等不断应用于旅游信息服务业，旅游信息服务在提供手段、时空分布、效率和成本方面不断进行着创新，智慧旅游是旅游信息服务创新的极致。

第二层逻辑关系是智慧旅游是一种泛在化的旅游信息服务，说明智慧旅游不是一般的旅游信息服务，而是能够让游客随时、随地、随需获取到信息的无处不在的旅游信息服务。这种旅游信息服务与传统的旅游信息服务有着很大的差别——在获取信息服务的效率上、精准度上、成本上、实用性上都有了质的飞跃和提升。游客可以非常方便地在任何时间、任何地点，通过任何方式获取旅游信息服务。

第三层逻辑关系是智慧旅游是为游客个体而非群体提供的泛在化的旅游信息服务。传统旅游信息服务都是面向某一类群体的供给——广播式的传播方式，游客获取信息的时间成本较大，需要不断将获取的信息与自己的需求

1

进行比对进而做出决策。由于信息具有天然的不对称性，游客的决策始终存在这样的风险——可能产生理解上的偏差而使决策偏离自己的需求。智慧旅游则不同，它是基于游客当前位置、个性化需求、历史消费（路径）记录等信息，利用科学的数据挖掘分析和判别手段，为游客个体提供互动性的旅游信息服务。

第四层逻辑关系是智慧旅游是旅游信息服务在旅游活动的全流程、全时空、全媒介、全方位、全终端、全机构的整合、协同、优化和提升，是一种颠覆性的旅游信息服务。这种旅游信息服务有着更加灵活多变的信息服务提供方式，并且可以综合运用各种媒体和终端作为手段，将各种服务机构有机整合起来为游客提供"一站式"的服务，颠覆了旅游信息服务的传统逻辑关系和模式机制，游客获取旅游信息服务更加便捷、高效。

# 一、智慧旅游的内涵

智慧旅游的核心内涵之一在于旅游信息服务。智慧旅游所涉及的旅游信息服务改变了群体化的信息提供方式，即原有信息服务提供是非定制化的，是面向所有（潜在）游客的，是由某种机构借助某种手段来提供信息服务的，如：通过广告（电视、互联网、广播等）为客源地的潜在游客提供目的地旅游信息；通过手机短信为在旅途中的游客提供天气等服务信息；通过导游服务、在游客咨询中心放置的各类印刷品、各类指示牌、大屏幕、查询终端等，为到达目的地的游客提供本地旅游信息服务。这些旅游信息服务都是相对独立的，由不同机构提供，需要游客去分别关注并获取，因而游客所获取的相关信息是孤立、散乱的，需要进一步由游客来判别，而且信息服务提供手段也是互不联通的。而在智慧旅游中，由于技术上有了很好的基础，各种平台和系统在相互信息共享和调用方面有了新的机制，信息调用的成本大大降低、效率大大提升，而且信息的表现方式更加灵活多样，能适应不同媒介和载体对旅游信息的要求，旅游信息的各种属性得到充分挖掘并与游客的各种信息有机关联，能最大限度地满足游客对旅游信息的需求。

智慧旅游的另外一个核心内涵在于泛在化。泛在化指的是立即到达任何地方的能力或者无所不在。这里的泛在化主要指的是网络无所不在。网络已全面融入人们的生活之中，无所不在地为人们提供各种服务；计算不再局限于桌面，用户可以通过手持设备、可穿戴设备或其他常规、非常规计算设备，无障碍地享用计算能力和信息资源。游客个体可以在任何时间、任何地点、通过任何媒介获取旅游信息服务，这主要依托于云计算平台、泛在计算、移动互联网等技术手段。

## 二、智慧旅游的外延

泛在化的旅游信息服务导致了旅游信息流重构、旅游业务重组、旅游组织优化，也引起了旅游信息组织方式、旅游管理方式、旅游营销方式、游客接待服务方式的根本性改变。

### （一）智慧旅游的信息层面

旅游企业如何有效利用一手、二手信息，并使信息有效传播到潜在消费者，而且在消费者最需要的时间和地点实现精准的信息传达，是智慧旅游要解决的问题。

旅游信息流需要重构，以旅游目的地为信息出发点的情况发生了变化，旅游企业随服务对象的"零散化"而对原有业务流程进行重组，对原有旅游组织进行优化。大量基于智能手机的旅游信息服务提供企业加入旅游产业价值链中，并以其高效精准的旅游信息服务不断赢得新顾客。原有旅游企业特别是在线旅游服务企业和旅行社在服务手段和服务方式上加以更新，更加适应散客化和个性化的需求。

## （二）智慧旅游的服务层面

从旅游服务层面看，智慧旅游包括了公共服务机构和信息服务企业提供的各种旅游信息服务，如智能手机旅游应用软件开发企业通过智能手机提供的位置导航、电子地图、预订系统等实时信息服务，旅游景区的三维实景（信息）展示，游客游览过程中的随身导游导览等。

智慧旅游使游客行为模式发生重要改变，游客在旅行过程中的灵活度大大增加，随意性也大大增强，不再受出发前旅游行程设计的局限，可以随时、快速地改变行程安排，了解目的地各种最新资讯信息。智慧旅游使游客对旅游体验分享的方式和手段多样化，比如：通过在目的地拍摄的照片记录自己的游览路线，并添加游记分享于各种社交网络平台；可以将照片与Google（谷歌）地图上的空间位移进行关联并与朋友分享。

从旅游营销层面看，旅游信息服务表现为在各种营销要素和手段上的信息展现和传播，智慧旅游是把旅游目的地的各种文字、图片、视频信息，以及旅游企业的各种产品信息表达方式，借助各种媒介和传播渠道推送给潜在游客的过程。开发基于智能手机的各种软件，有助于实现对旅游产品和旅游目的地的宣传、营销。

## （三）智慧旅游的管理层面

智慧旅游的一个突出特征是游客应用前端简单化和便捷化，而旅游信息服务提供者后端智能化、集成化、柔性化、协同化、平台化。

智慧旅游使游客的信息搜索行为发生变化。游客可以通过互联网网站获取各种旅游推荐信息，这些推荐信息基于该游客过去的旅游行为、在网上的点击行为、消费记录等数据，通过数据挖掘而形成；游客也可以通过虚拟实境的三维软件系统体验目的地旅游，通过智能终端了解旅游目的地的各种信息，获取电子打折券及各种预订确认单。

从旅游管理层面看，智慧旅游可以通过每一个游客的信息需求提出和基于游客所在位置，来对游客提供有价值的引导性信息服务，对旅游活动质量进行监控，对游客群体信息进行统计和分析，为旅游目的地的宣传营销提供数据支持。

# 第二节　智慧旅游的理论基础

## 一、旅游系统理论

随着系统论的思想和方法不断应用到旅游研究中，旅游系统的概念被提出并不断得到发展。其中，利珀（Neil Leiper）于 1979 年提出并于 1990 年予以修正的旅游系统模型的影响力很大。利珀的模型主要是侧重旅游活动和旅游业的空间特征，整个旅游系统包括游客、旅游业、客源地、旅游通道和目的地五个因素，重点突出了客源地、目的地和旅游通道三个空间要素，把旅游系统描述为由旅游通道连接的客源地和目的地的组合。旅游活动开展和旅游业发展必须系统地考虑游客需求、旅游业发展环境、客源地、旅游通道及其与目的地之间的空间关系。

冈恩（Clare Gunn）在 2002 年对其以前的模型也进行了修改，构造了一个旅游功能系统模型。该系统模型强调了供给和需求两个最基本的子系统，二者相互作用构成了旅游系统的基本结构。在供给子系统里，吸引物、促销、交通、信息和服务之间存在着相互依赖的关系，它们共同作用，提供符合市场需要的旅游产品。该系统模型能够刻画旅游发展中供给和需求两个系统之间的关系，尤其是能够明确地刻画出供给子系统内部五个要素之间的相互制约和相互依赖的关系。

旅游系统理论明确了旅游产品、旅游服务、旅游信息、交通、营销、自然与社会环境在旅游系统中的地位和作用，而智慧旅游发展涉及旅游系统各个环节的智慧化，因此智慧旅游建设框架的构建、智慧旅游建设方案的实施都必须考虑到旅游系统中各个环节的地位和作用，以及它们之间的关系。

智慧旅游可以通过旅游信息传播与共享，加强旅游系统各个环节之间的联系，实现政府、旅游企业、游客、目的地居民等社会主体之间的高效协同与联动，为游客提供更高质量的旅游服务，使旅游系统的运行更加高效、有序、低成本，提高旅游业对国民经济的关联带动作用，从管理、服务、营销等各个方面驱动旅游业转型升级发展。

## 二、供应链管理理论

供应链管理的研究和实践始于 20 世纪 80 年代的美国。供应链管理的思想和模式最初起源于制造业，应用于物流行业，其核心思想是通过优化组合产品供应链条，达到低成本、高质量、及时地迎合顾客需求的目标。

在现在的研究中，供应链是以核心企业为中心，由业务相关联的企业所构成的网链结构。只有供应链中的节点企业同步、协调运行，才能使供应链上的所有企业受益。

供应链管理就是以提高企业个体和供应链整体长期绩效为目标，对特定企业内部跨职能部门边界的运作和在供应链成员中跨企业边界的运作进行战术控制的过程。供应链管理就是要整合供应商、制造部门、库存部门和配送商等供应链上的诸多环节，降低供应链成本，促进物流和信息流的交换，以求在正确的时间和地点，生产和配送适当数量的正确产品，提高企业的总体效益。供应链管理具有以下几个典型特征：

第一，以顾客满意为最高目标，以市场需求的劳动为原动力。

第二，企业之间关系更为紧密，共担风险，共享利益。

第三，把供应链中所有节点企业作为一个整体进行管理。

第四，对工作流程、实物流程和资金流程进行设计、执行、修正和不断改进。

第五，利用信息系统优化供应链的运作。

第六，缩短产品完成时间，使生产尽量贴近实时需求。

第七，减少采购、库存、运输等环节的成本。

旅游供应链是一种以满足游客需求为共同目标，以旅游吸引物为核心所形成的包括旅游产品设计、生产、组合、销售以及对旅游业发展起支持作用的企业或组织所构成的网链结构。旅游供应链与一般供应链不同，具有自身所独有的特性。

第一，一般供应链研究的是"物流"，而旅游供应链研究的是"人流"。可以说，旅游供应链研究由人的流动而引起的一系列经济关系和现象，目的是满足游客的需求。

第二，旅游供应链比一般供应链更加复杂。其复杂性表现在多个方面：旅游供应链所提供的旅游产品来源广泛，品类繁多；旅游供应链上供应商分属多个行业，各行业又具有各自独立的管理特点，旅游产品质量难以控制；旅游供应链上企业之间的关系复杂，核心企业与供应商间的关系复杂，合作不够紧密；旅游供应链上存在着复杂的委托—代理关系。

第三，旅游供应链管理的核心思想是资源整合、整体运作和强强联合。与传统的"纵向一体化"不同，旅游供应链管理是"横向一体化"的经营理念。旅游企业不仅要在自己的领域提供专业化的服务，培养核心竞争力，还要通过与外围优秀企业的强强联合，整合内外部资源，提高供应链上企业的整体效益。

影响旅游供应链运作的一个重要因素就是信息流，而智慧旅游不仅可以向游客提供及时、准确的信息，还可以为旅游经营管理者之间的沟通与交流提供及时、准确的信息。旅游供应链管理与智慧旅游发展之间具有天然的联系。然而目前国内外对旅游供应链管理在智慧旅游发展中的应用的研究仍然较少。其中，冯珍等提出的智慧旅游服务供应链模型较好地阐述了智慧旅游在构建旅游供应链中的作用，他们认为为了保障智慧旅游的有序运行，应该合理安排各个节点的运作，优化节点之间的服务流、信息流、资金流，并根据智慧旅游的概念和智慧旅游的主体架构，提出了一个可以对智慧旅游进行集成化、系统化管理的智慧旅游服务供应链模型（如图 1-1 所示）。

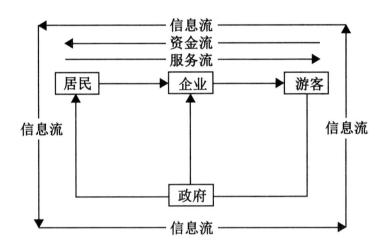

**图 1-1  智慧旅游服务供应链模型**

智慧旅游服务供应链中有四个节点，分别是居民、企业、游客、政府。居民是旅游服务的供应商，他们是旅游基础设施的供应源。企业是旅游服务的制造商，他们需要集成供应链上游居民的服务信息，并提供给游客。与以往的旅游供应链不同的是，政府必须加入供应链分别对其他三个节点产生作用，政府需要合理安置具有资源的居民，调控企业的运营大方向，引导游客选择正确的旅游方式。在整个旅游供应链系统中，资金流是从游客到居民；信息流贯穿整个系统，是系统运行的基础；服务流则从居民到游客，是整个旅游供应链系统的基础。

## 三、体验经济理论

随着经济的快速发展，人们已不再单纯满足于物质享受，而越来越注重追求丰富多彩的精神享受。体验经济是顺应人们这一需求变化趋势而产生的一种新经济形态。旅游从本质上说是一种体验活动，游客获得的是一种不同寻常的经历，而智慧旅游的发展为旅游产品、旅游营销模式、旅游经营管理的创新发展提供了良好的机遇，这必将推动游客出游体验的提升。

体验（experience）的含义自然包括人们经常提到的"经历、经验、体验、阅历"。体验有时候也称为体会，是在实践活动中去认识事物获得的亲身经历。体验使人们对事物的认识变得真实，给人们留下深刻难忘的印象，当未来的某一时刻遇到相同或相似的情景，人们便会随时随地回想起这一经历，并同时产生对此情景的心理预期。从心理学角度来说，体验就是一个人当情绪、体力、智力，甚至是精神达到某一特定水平时，在意识中所产生的美好感觉。

体验经济是指旅游企业以服务为舞台、以商品为道具、以消费者为中心，创造能够使消费者参与、值得消费者回忆的活动。在体验经济中，生产和消费的运行方式如下：旅游企业提供的不仅有商品或服务，还能够针对消费者的个性需求设计出独特的体验过程，给消费者留下难以忘却的愉悦记忆；消费者消费的除了实实在在的商品，还有一种精神上的丰富体验，消费者愿意为体验付费。在体验经济中，人们用金钱来衡量物质以外诸如心情、记忆、感觉等摸不着的东西。体验过程中的商品是有形的，服务是无形的，而创造出的体验是令人难忘的，为商家带来的利益也是丰厚的。

旅游活动的任务不应只是为游客提供简单的旅游产品与服务，而应该为游客创造个性化、特色化的旅游体验，从而满足游客休憩娱乐、实现自我的高层次需求。在体验经济背景下，游客的需求转变，必然要求旅游企业管理适当转变理念、相应改革管理模式。作为旅游业的重要组成部分，餐饮业的改革创新势在必行，管理者必须树立以游客为中心的旅游餐饮管理理念，关注游客的餐饮体验，推动产品和服务创新。

旅游体验是指游客为了追求旅游带来的愉悦感，通过和外界联系，改变自身的心理水平并对自身的心理结构进行调整，在内心产生对旅游对象的综合性体验的感受。从旅游企业角度出发，旅游企业为了提升自身的综合竞争力，获取更多的经济效益，必须以创造独特而难忘的旅游体验来吸引游客，为游客提供高层次的服务项目，从而为游客提供更高质量的体验。旅游体验具有以下几个特征：

第一，综合性。旅游体验是在理性思考和感性思考相结合的情况下产生的，涵盖了旅游过程中的各个方面，使得游客在食、住、行、游、娱、购等各个环节中得到丰富的旅游体验。同时，任何一个环节的问题都会影响旅游体验的整体质量。

第二，无形性。普通的产品是有形的，而旅游体验是游客在旅游过程中身体、知识、情绪等方面得到的心理认知感受和心理反应过程，是无形的。旅游服务是外在的，而旅游体验只有游客自身才能感受到。

第三，强个体性。在旅游过程中，美丽的景观让游客产生了美好的感觉。不同的游客，即使他们体验了相同的旅游项目，所获得的旅游体验也可能是完全不同的。

第四，高参与性。旅游体验的效果和游客的参与程度有着密切联系，游客在旅游中发挥着主观能动性，游客的行为与景区居民、其他游客、旅游产品之间具有较强的互动性，游客需要在旅游过程中完成自己的旅游体验，具有较高的参与性。

体验经济理论与智慧旅游存在着密切的关系：一方面，智慧旅游可以从食、住、行、游、娱、购等方面改变传统的旅游活动方式，使旅游活动更加丰富多彩，为游客创造智慧化的旅游体验，增强游客的欢乐感和愉悦感；另一方面，体验经济理论可以为营造智慧化的旅游体验提供理论指导。体验经济理论在智慧旅游发展中的运用值得受到重视。

# 四、产业融合理论

产业融合是指不同产业或同一产业不同行业相互渗透、相互交叉，最终融为一体，逐步形成新产业的动态发展过程。产业融合作为一种新的经济现象，最初发生在电信、广播电视和出版等行业部门。之后伴随着科技的快速发展和企业跨行业、跨地区的兼并重组，各类产业的边界逐渐趋于模糊，到今天产业融合已经成为一种普遍现象。旅游产业与文化产业、信息产业、高新技术产业、旅游地产、农业、工业等的融合发展也已成为旅游业发展的新趋势，这为旅游业发展创造了更为有利的社会环境、更为强大的发展动力和更为优越的发展条件。与其他产业相比，旅游产业具有较强的综合性和包容性，旅游产业与相关产业间的关系具有更多的交叉性和互补性，因此旅游产业与相关产业的融合发展将会大大提升旅游产业的竞争优势。在旅游产业融合发展的实践背景下，学术界也对旅游产业融合发展保持了高度的关注，从旅游产业融合的概念、融合路径、融合机制、融合模式、融合水平评测等方面进行了大量的理论探索。

智慧旅游是旅游信息化建设的高级阶段，也是旅游产业与信息产业融合发展的结果。

旅游信息化建设和智慧旅游发展依赖于旅游业发展水平和信息化建设水平的提高。信息产业发展可以从信息化基础设施、信息化技术、信息化社会应用等方面为旅游信息化建设和智慧旅游发展提供物质基础，因此产业融合理论在智慧旅游发展和智慧旅游研究中具有很大的应用空间。

各类产业的智慧化发展必将加速旅游产业与相关产业的融合发展。随着智慧城市、智慧农业、智慧交通、智慧旅游、智慧教育等一系列产业和基础服务设施的智慧化发展，旅游产业与相关产业之间的信息传播和共享更加及时、高效，关系更加紧密，促使旅游产业与相关产业融合发展的基础条件趋于成熟，从而提升了旅游产业与相关产业融合发展的广度和深度。

# 五、消费者行为理论

19 世纪末至 20 世纪 30 年代间，消费者行为和心理研究的相关理论开始出现，并得到初步发展。在 19 世纪末至 20 世纪初的这段时间，一些资本主义国家特别是美国、英国，在工业革命后劳动生产率得到了大幅提升，生产能力远远超出市场需求，导致企业之间的竞争日益激烈。因此，企业开始注重刺激消费者需求，加大商品的推销力度，"推销术"和"广告术"就此进入人们的视野。同时，有些学者开始根据企业销售的需要，对商品的需求和销售之间的关系进行理论研究，并试图分析消费者行为与心理和企业销售之间的联系。消费者行为学逐渐成为一门独立而系统的应用学科。消费者行为学是一门研究消费者在获得、使用和消费产品与服务过程时所表现出的心理活动特征和行为规律的学科。从营销学的观点来看，该学科研究的目的就在于理解消费者行为，进而试图影响消费者行为。不同的理论观点对消费者行为的定义有很多：

"决策过程论"认为消费者行为就是消费者购买、消费和处置的决策过程；"体验论"把消费者行为定义为一个体验的过程，消费者在体验中购买、消费和处置，是一个感性的过程；"刺激反应论"认为消费者行为只是消费者对刺激做出的一种反应，应该以消费者和刺激的关系为出发点分析消费者行为。

智慧旅游发展必将改变旅游消费者的行为特征。智慧旅游的发展和移动智能终端的普及必将从收集旅游信息、选择出游方式、旅游交易方式、旅游活动范围、旅游需求结构等方面改变旅游消费者行为。研究智慧旅游背景下的旅游消费者行为特征与规律，成为学术界当前开展旅游研究的紧迫任务。同时，人们对旅游消费者行为理论创新提出了更高的要求。

智慧旅游发展有助于全面、及时、准确地分析和把握旅游消费者行为规律。智慧旅游发展将会促使旅游业发展进入大数据时代，使旅游消费者行为数据资料的收集更加便捷，运算与处理更加快速、及时，使全面、及时、准确地分析和把握旅游消费者行为的特征与规律成为可能，进而起到帮助旅游经营者和管理者制定旅游开发策略和旅游营销策略的作用。

消费者行为理论可以为旅游营销的智慧化提供理论指导。通过理解和运用消费者行为理论，旅游经营者和管理者可以准确把握智慧旅游背景下游客的行为特征，从旅游产品的智慧化、旅游服务的智慧化、旅游营销渠道的智慧化、旅游交易的智慧化等方面，提高旅游产品和服务的质量，进而提高游客的旅游体验质量。

# 第三节　智慧旅游的应用

## 一、智慧旅游的应用对象

智慧旅游的应用模型是智慧旅游具有实际意义的基础。智慧旅游的四大应用对象为：以政府为代表的旅游公共管理与服务部门、游客、旅游企业以及目的地居民。与传统信息技术应用面向政府、企业与游客三大主体不同，智慧旅游将目的地居民纳入应用对象，即智慧旅游在智慧城市外延下，不仅能够为游客提供服务，还能够使旅游管理、服务与目的地的整体发展相融合，使游客与目的地居民和谐相处。

智慧旅游面向这四大应用对象构建应用系统，既需要满足应用对象自身的需求，也需要满足应用对象之间的交互需求。例如，对于游客，智慧旅游既面向游客自身的需求，又面向游客与政府之间、游客与旅游企业之间以及游客与目的地居民之间的交互需求。

智慧旅游依托物联网技术、移动通信技术、云计算技术以及人工智能技术四大关键技术，通过感知化、物联化和智能化的方式，可以将旅游过程中的物理基础设施、信息基础设施、社会基础设施和商业基础设施连接起来，设置新一代的智慧化基础设施，使旅游业涉及的不同部门和系统之间实现信息共享和协同作业，更合理地利用资源，做出合理的旅游活动决策、管理决策或及时预测和应对突发事件与灾害。由于智慧旅游面向游客、旅游企业、政府和目的地居民，因此其应用给不同的利益主体提供不同的价值。这些价值供给体现在智慧旅游的信息应用层面。对游客而言，智慧旅游可以为其提供出游前的信息查询、合理线路设计、旅游预订、智能导览、门票及优惠券获取、紧急救援、投保理赔等价值。对企业而言，智慧旅游可以为其提供旅游电子商务、营销、满意度调查、行为追踪、数据统计及挖掘等价值。对政府而言，智慧旅游可以为其提供行业市场监管、旅游信息与其他公共服务信息共享与协同运作、旅游目的地营销、做出合理的城市发展和管理决策，及时预测和应对突发事件和灾害等价值。对居民而言，智慧旅游可以为其提供交通、休闲等多种系统信息共享的价值。

## 二、智慧旅游在旅游产业链层面的应用

智慧旅游是依托智慧城市的基础资源和技术支持来整合与延伸旅游产业链条、服务旅游市场主体的各类旅游活动的。智慧旅游将物联网、云计算、新一代通信网络、高性能信息处理、智能数据挖掘等技术应用在旅游体验、产业发展、行政管理等方面，使旅游物理资源和信息资源得到高度系统化整合与深度开发激活，并服务公众、企业、政府等，是一种全新的旅游形态。智慧旅游以互动体验为中心，让游客通过便携式上网终端设备，主动感知和及时发布各种旅游信息，提升游客在旅游活动中的自主性、互动性和舒适性，带给游客全新的旅游体验，同时使旅游管理更加高效便捷，也为旅游企业创造更大的价值。智慧旅游在旅游产业链层面的应用如表 1-1 所示。

表 1-1 智慧旅游在旅游产业链层面的应用

| 名称 | 应用 |
|---|---|
| 智慧景区 | 电子门票系统、景区动态信息平台、自助导游讲解软件、虚拟实景的旅游应用、虚拟旅游的体验式营销、基于无线位置服务的应用、电子地图、景区对外智能化管理系统以及景区内部的智能化管理系统等 |
| 智慧旅行社 | 在线商务运营只是传统旅行社企业经营业务中的一部分，其发展还应紧密契合当地景区、酒店，以及旅游管理、交通、餐饮、购物等部门进行广泛的信息化合作。比如：与酒店和交通部门互通信息，把握旅游淡旺季的销售量和价格，建立精准、快捷、高效的旅程服务；同时，通过旅游信息平台，把酒店、交通、餐饮、购物等信息组合成实时的旅游产品，提供精准旅游线路信息给游客，并提供在线预订和支付确认服务。另外，智慧旅行社运用新技术平台可以监控旅游团队的实时状况，确保旅游团队的安全 |
| 智慧酒店 | 整合集成酒店办公软件、信用卡收费、无线制卡等系统，形成智能化解决方案，实现酒店预订、入住、消费、收费、退房等环节的全程智能化服务。客人仅需一张智能 RFID（射频识别）卡，就可以实现身份自动识别，无须办理任何手续，房间随需而动，商务办公实时、便捷 |

2008 年以来，智慧城市的实践探索在世界各地展开，智慧旅游不仅意味着高效的智能化服务和管理，还会带来产业链的拓宽和延伸，促进新技术与日常生活的紧密融合，带领人们向更智能、更舒适的生活方式转变。下面以IBM（国际商业机器公司）的智慧酒店与英国和德国合作开发的智能导游软件为例进行分析。

## （一）IBM 的智慧酒店

IBM 公司利用系统集成方法，依托现代计算机技术，融合统一的通信技术、现代控制技术以及现代建筑艺术，提出了智慧酒店的四个方案，即机房集中管理、桌面云、自助入住登记和退房、无线入住登记和融合网络。此外，智慧酒店还提供多种服务，以满足客户智能化、人性化和信息化的需求，包括楼层导航、互动虚拟酒店展示和会议管理等高级功能。IBM 的智慧酒店给客户带来了全新的入住体验，极大地优化了酒店管理流程，提高了酒店工作效率并降低了管理运营成本。

（二）英国和德国合作开发的智能导游软件

英国和德国合作开发了一款智能导游软件，以增强现实技术为基础，让游客通过声光与影像，"亲身"体验被遗忘的历史时光。该软件的主要目的是促进文化旅游发展。当身处某地时，游客只需用手机摄像头对准眼前的古迹，手机里的全球定位系统和图像识别软件就能判断位置，从而从游客所在的视角，在手机上显示这处古迹在全盛时期的样貌，还能将古迹上的残缺部分进行虚拟重构。例如，游客来到科洛西姆竞技场，就能从手机里看到角斗士格斗的画面，随着游客走动，手机上的画面还能自动变化，游客如同行走在过去一般。该软件除了能带领游客"回到过去"，还有路线规划功能，通过交互路线规划工具，量身定制专属于游客自己的旅行方案，满足游客个性化需求，相当于一个全职导游。

# 第二章　智慧旅游管理概述

## 第一节　智慧旅游目的地的管理

基于智慧旅游的目的地管理是旅游目的地管理的发展趋势。智慧旅游目的地管理将依托智慧旅游云计算平台、智慧旅游云服务平台、物联网、移动互联网等技术，实现旅游管理方式由传统旅游管理方式向现代旅游管理方式的转变，实现旅游行政服务的便捷化、旅游监测预报的准确化、旅游信息管理的完善化，推动智慧旅游技术在旅游目的地管理中的应用，最终促使旅游目的地为游客提供一个更为健康、安全、舒适的旅游环境。

智慧旅游目的地管理是指将感应器嵌入和装备到各类旅游资源中，通过服务器和云计算将物联网整合起来，实现旅游资源和旅游信息的整合，更准确和实时地进行旅游目的地的管理。智慧旅游目的地管理可以实现旅游目的地的景点、酒店、交通等设施的物联网与互联网体系完全连接和融合，加强旅游行政管理部门、游客、旅游企业和旅游资源与环境之间的互动，将数据整合进旅游资源核心数据库，通过更便利的手段提供优质服务，推动旅游目的地整体发展。

### 一、智慧旅游行政服务

行政服务原名行政审批服务，是集信息与咨询、审批与收费、管理与协调、投诉与监督于一体的综合性行政服务体系。智慧旅游行政服务是指智慧旅游目的地旅游行政管理部门通过信息化的智能办公手段，构建智慧旅游管理平台，把传统的旅游行政服务集成到平台中，实现数据信息的及时共享，提高办事效率，实现旅游行政管理部门的智慧化管理，发挥目的地智慧旅游行政服务的整体效力。

## （一）智慧旅游行政服务职能

通常，目的地旅游行政管理部门的服务职能具体包括旅游公共设施建设与管理、旅游保险制度建立、旅游环境保护与改善等。目的地旅游行政管理部门履行服务职能的目的在于确保社会稳定，维护旅游业的发展秩序。

智慧旅游行政服务职能是目的地旅游行政管理部门的基本职能，其服务、管理对象主要是旅游企业和旅游从业者，主要承担组织、协调、监管等职责，并承担预测、应对突发事件和自然灾害，排除智慧旅游发展障碍，为旅游企业搭建良好平台等工作。

旅游行政管理部门通过智慧旅游行政服务，可以统计旅游企业和旅游从业者的数据信息，将其纳入目的地旅游行政管理部门可知、联动的范围内，实现信息的及时、有效共享，有助于解决旅游信息不对称导致的旅游市场秩序混乱的问题；可以提高旅游行政管理部门的工作效率，便于对旅游企业和旅游从业者进行监督，引导其注重持续发展。

## （二）智慧旅游行政服务体系

构建智慧旅游行政服务体系需要统计旅游行业相关静态数据、采集旅游行业相关动态数据，并构建智慧旅游大数据中心。

### 1.统计旅游行业相关静态数据

目的地旅游行政管理部门应统计涉旅企业信息，并对企业注册、年检信息和其他信息进行公示。这样既能使游客获知其所选择企业的诚信状况，又能促进企业自检、自律。

2.采集旅游行业相关动态数据

通过对目的地旅游人力资源系统和导游考试报名系统进行升级，将导游培训考试报名、在线授课培训等过程全部通过网络实现，既能为导游人员提供方便，也能提高服务的效率。目的地旅游行政管理部门要建立电子合同和出入境动态管理系统，以便获知旅游企业与游客之间的服务约定，掌握旅游行业相关动态数据，并将这些数据用于分析决策。

3.构建智慧旅游大数据中心

目的地旅游行政管理部门要构建智慧旅游大数据中心，通过大数据中心的智能分析处理，使旅游企业、旅游从业者、旅游服务行为的数据做到融合匹配，将静态数据和动态数据交互比对，以便更好地采取合理的措施，促进当地旅游产业的可持续发展。


# 二、智慧旅游监测预报

智慧旅游监测预报是指通过信息技术，对智慧旅游目的地的游客情况、旅游资源与环境等进行监测预报。

## （一）目的地游客情况监测

目的地游客情况监测主要是指对游客数量、流动方向加强动态管理，进而为提高景区服务质量、景区安全管理水平提供科学依据，为政府决策、游客出行提供参考。

景区可以通过门禁系统、景点及重要交通节点的摄像头等进行实时监测，对游客数量进行基本描述和判断，实现对景区客流的实时动态统计分析，以便实时判断景区内游客量是否达到最佳承载量、最大承载量，及时采取游客疏散和限流等调控措施。

### （二）旅游资源与环境监测

目的地旅游资源监测是指通过一定的信息技术手段，对智慧旅游目的地旅游资源的分布特征、数量、质量等信息以及与之有关的数据进行采集、处理、分析和更新，实现对旅游资源的信息化、网络化综合管理。智慧旅游目的地环境监测是指在分析目的地生态环境的条件下，使用遥感技术、地理信息系统、互联网技术等，实时监测旅游景区环境，并对相关生态指标进行测量，确定目的地游客阈值容量，对目的地建设和规划起到预警作用，保障旅游区的可持续发展。

具体措施如下：通过 RFID、红外感应、全球定位等技术手段，对目的地旅游资源的各个方面进行监测，将监测信息及时传送到云平台进行数据分析，然后采取科学有效的办法，对必要资源进行及时维护；在重点旅游资源区域、生态敏感区附近，设置智能识别体系和预警体系，通过实时采集客流信息，在测定环境容量的基础上，对环境承载情况进行分析，做好疏导游客、保护环境的准备；形成相对完善、科学的监测管理体系，使得旅游资源和环境得到合理的开发与保护，实现旅游业的可持续发展。

## 三、智慧旅游信息管理

旅游业属于信息密集型产业，但我国现阶段还存在旅游信息管理体制不完善的问题：旅游行政管理存在多头管理、区域分割和监管分散的问题；旅游信息分布不均衡，旅游信息不对称，未能形成全行业覆盖的信息管理体系。这带来的后果就是旅游企业对游客需求了解不全面，旅游管理者对游客的需求认知不充分，对旅游经营数据掌握不准确。

智慧旅游信息管理是指在搜集大量旅游数据的基础上，建立旅游信息的发布平台，向社会提供便捷优质的旅游信息服务。将多个部门的信息进行分析整合，将相关旅游信息有效、集中地提供给旅游管理者、游客和旅游企业，可以为其行为决策提供参考。智慧旅游信息管理在信息提取的过程中需要重点提取符合游客需求的旅游信息。

智慧旅游信息管理有助于解决旅游管理者、旅游企业与游客之间信息沟通不畅的问题，有助于旅游管理者加强对旅游企业的管控，有助于旅游企业及时、合理地针对游客的需求调整旅游产品，有助于旅游管理者将旅游目的地的旅游产品整体打包、维护并进行网络推广营销，有助于提高旅游目的地旅游管理服务水平。

## （一）面向旅游管理者的旅游信息

智慧旅游目的地的旅游行政管理部门对旅游信息的需求在于掌握旅游景区、景点、旅行社、饭店、宾馆等的具体营业状况等。其中，对于营业额、营业成本等数据，可以通过与税务部门、统计部门协调，直接联网获取；对于行业数据，可采用网上填报的方式，要求旅游企业通过网络实现数据实时上传。这些方式都有助于提高旅游行政管理部门的工作效率。

## （二）面向游客的旅游信息

游客是旅游活动的主体，在游客进行旅游决策、参与旅游活动的过程中，旅游信息一直是游客关注的重点。游客对目的地旅游信息的需求主要集中在食、住、行、游、购、娱六个方面，智慧旅游信息管理所提供的旅游信息也主要以这六个方面为核心。

游客对餐饮信息的需求主要集中在旅游目的地特色餐饮的位置、种类、价格、联系方式以及特色等方面；游客对住宿信息的需求主要集中在旅游目的地各种类型的宾馆、酒店的地理位置、设施、提供的服务、价格等方面；游客对交通信息的需求主要集中在旅游目的地的交通状况、停车场等方面；游客对景区信息的需求主要集中在景区概况、基础设施、门票价格、实时游客量等方面；游客对购物、娱乐信息的需求主要集中在旅游目的地的特产、纪念品、休闲娱乐场所等方面。

在面向游客提供旅游信息时，应考虑到游客获取信息的便利性，通过 App（应用程序）、手机网站等，将信息及时、有效、便捷地推送到游客的移动客户端上。

### （三）面向旅游景区的旅游信息

旅游景区是游客进行旅游活动的主要场所，是旅游服务重要的提供者。旅游景区在日常运营过程中，需要对相关旅游信息进行收集、整合。旅游景区对旅游信息的需求主要表现在两个方面：一是面向服务的需求，如景区地形地况、导览图；二是面向管理的需求，如控制景区客流量、疏导景区交通、监管景区资源环境等。

景区通过智慧旅游信息管理获取相关旅游信息，在旅游信息整合的过程中，有针对性地提取相关的数据资料，通过专业人员制作获得景区导览信息，通过视频监控技术解决景区流量控制、景区交通疏导、环境监控等问题。

# 第二节　智慧旅游安全保障管理

旅游电子政务的实施与旅游信息化法律法规的完善是智慧旅游安全保障管理的基础。旅游电子政务是指各级旅游行政管理部门应用现代信息管理模式和数字通信技术，构建旅游管理网络和业务数据库，建立一个旅游系统内部信息上传下达的渠道和公共信息的发布平台，向社会提供便捷优质的旅游信息服务。旅游信息化法律法规是智慧旅游行业的安全准绳。

　　对海量数据信息的处理应用，是智慧旅游管理实施的根本；智慧旅游云计算数据信息的安全管理，是智慧旅游安全保障管理的根本。在智慧旅游管理体系设计之初，就应该从顶层设计着手，将信息安全保障考虑在内，设计出信息安全保障系统。与此同时，制度保障也很重要。针对信息安全造成的危机制定相关预案，从全景式管理角度对潜伏、形成、高潮和消退各阶段的危机进行管理，利用先进的技术建设智能监测体系、应急响应系统和信息危机处理系统，是十分必要的。为此，要建立健全信息安全保障的专项法律法规，使信息安全监督保障机制常态化。

　　在具体应用层面上，学者莫琨针对智慧旅游建设面对的安全威胁进行了探讨，并提出智慧旅游信息安全保障建议：智慧旅游不仅要通过密钥管理保障传感器的安全，建立不同网络环境的认证衔接机制以抵制外来网络的攻击，而且要建立一个强大且统一的安全管理平台防止新的安全问题出现。《中国智慧城市标准化白皮书》提出：智慧城市的典型应用领域包括智慧医疗、智慧政务、智慧教育、智慧园区、智慧交通、智慧旅游、智慧物流等；智慧城市建设需要完善的信息安全保障体系，以提升城市基础信息网络、核心要害信息及系统的安全可控水平，为智慧城市建设提供可靠的信息安全保障环境。从技术角度看，智慧旅游信息安全保障管理体系建设的重点是构建统一的信息安全保障平台，实现统一入口、统一认证，涉及各个横向层次。

## 一、信息安全保障管理

　　智慧旅游管理平台涉及一些保密性数据的流向以及用户个人信息安全等方面的问题。大量数据涉及个人隐私（如游客出行路线、消费习惯、位置信息、健康状况等），平台设计者必须充分重视数据安全问题，尽可能减少安全漏洞，保证用户数据的安全，同时也要最大限度地保证平台网络管理中心自身的安全。一个足够安全稳定的智慧旅游管理平台才是对旅游行政管理部门、企业、游客等具有吸引力的，才是具有发展潜力和旺盛生命力的。从构建安全体系结构、建立科学控制机制、实现基础纵深防御、构建应用支撑平台等各个方面进行信息安全保障管理，有助于确保智慧旅游管理的安全运营。

## （一）构建安全体系结构

在智慧旅游安全保障管理系统建设的过程中，运用现代化的信息技术构建符合信息系统等级保护要求的安全体系结构，是十分必要的。信息安全的最终任务是保护信息资源被合法用户安全使用，并禁止非法用户偷盗、使用信息资源。信息系统安全是物理安全、网络安全、信息内容安全、应用系统安全的总和。确保信息系统安全就是要确保信息的机密性、完整性、可用性、可控性和抗抵赖性，以及信息系统主体（包括用户、团体、社会和国家）对信息资源的有效控制。智慧旅游安全体系包括技术体系、组织机构体系和管理体系。

技术体系主要包括物理安全技术与系统安全技术两个方面。物理安全技术主要是指对信息系统所处的物理环境进行安全保护，如对计算机设施设备所处建筑物进行机械防护，选择稳定、有保障的电力供应设备，避免相关信息系统组件暴露在电磁干扰、电磁泄漏等环境中。系统安全技术是指通过安全性措施的选择及自主控制，保障信息系统安全组件的软件工作平台达到相应的安全等级，避免操作平台自身的脆弱性和漏洞引发的风险，同时阻塞任何形式的非授权行为对信息系统安全组件的入侵或接管系统管理权。

组织机构体系是智慧旅游信息安全的组织保障，分为机构、岗位和人事三个模块。其中，机构模块分为决策层、管理层和执行层三个层次；岗位模块是指根据安全体系结构的构建设置的负责某一项具体安全工作事务的职位；人事模块是指根据相应岗位，对相关工作人员进行业务技能培训、绩效考核和安全监管等管理的人员。

管理体系包括法律管理、制度管理和培训管理三部分：法律管理是指根据相关的国家法律对智慧旅游信息安全保障工作进行规范、约束，提供法律保障；制度管理是指智慧旅游信息系统按照国家的相关要求、相关规范标准制定的内部规章制度；培训管理是指不断对工作人员进行知识结构优化、专业技能更新，这是保障信息安全的必要前提。

### （二）建立科学控制机制

建立科学实用的全程访问控制机制有助于实现智慧旅游安全保障管理。该访问控制机制主要对信息系统中的重要信息进行核心保护。这就需要构建具体可实施的安全策略模型，并在此基础上，根据系统访问规则对操作主体及计算机设备等加强访问控制，制定统一的访问控制策略，避免发生非授权用户的访问行为和授权用户的非授权行为。全程访问控制机制，可以保障系统信息访问的安全性。

### （三）实现基础纵深防御

只有保障终端设备的安全才能有效保障整个智慧旅游信息系统的安全。对终端设备实施积极防御、综合防范，消除安全隐患，能有效杜绝重要信息的泄露，避免计算机恶意程序的入侵。智慧旅游行业安全的管控既要保障终端设备的安全，也要在系统内部避免恶意用户从网内攻击信息系统安全。安全操作系统是终端安全的核心和基础，有安全的操作系统作为支撑，才能保障终端的安全，才能实现网络系统基础核心层的纵深防御，进而实施更深层次的人、技术和操作的控制。

### （四）构建应用支撑平台

智慧旅游信息系统，既包括单机模式的系统应用，又包括 C/S（客户端/服务器）和 B/S（浏览器/服务器）模式的应用。该系统必须具备身份认证、权限控制等安全机制。但这些安全机制存在被篡改的风险，相关敏感信息的安全难以得到有效防护。构建应用支撑平台,可采用安全封装的方式实现对应用服务的访问控制。

应用服务的安全封装主要由可信计算、资源隔离,以及输入、输出安全检查来实现。通过可信计算的基础保障机制建立可信应用环境,通过资源隔离限制特定进程对特定文件的访问权限,从而将应用服务隔离在一个受保护的环境中,使其不受外界的干扰,可以确保应用服务相关的客体资源不会被非授权用户访问。输入、输出安全检查截获并分析用户和应用服务之间的交互请求,防范非法的输入和输出。

## 二、旅游安全保障管理

旅游业的快速发展离不开安全的旅游环境,旅游安全管理是旅游业得以蓬勃发展的保障,良好的旅游安全管理有助于提高旅游业的竞争力,有助于促进旅游业可持续发展。旅游行政管理部门应当通过提高旅游安全预警的科学性、加强监管人员的安全意识,推动社会救援系统化建设,构建完善的安全管理保障体系,促进智慧旅游健康、有序、安全发展。

### (一)旅游安全预警系统

预警是度量某种状态偏离预警线的强弱程度,发出预警信号的过程。预警系统是确定预警状态、发出监控信号的计算机系统。

警情、警源都需要特定的特征量来加以表现,这就要求制定一系列具体的指标体系。构建指标体系是旅游安全预警系统构建过程中的重要一环。构建指标体系应遵循以下几个原则:

1.指标体系的完备性和最小性原则

指标体系的完备性是指对任意一种旅游安全形态或警情,都能从指标体系中找到一个或一组指标来度量。然而,要严格遵循指标体系的完备性原则是比较困难的事情，这种完备性只能是相对的。

指标体系的最小性是指在满足指标体系完备性的同时，使所建指标体系为指标集中的最小完备集。这样，所建指标体系既涵盖监测预警所需要的主要变量，达到了监测预警的目的，又剔除了对主体贡献不大的甚至可能导致模糊判断结果出现的非主要变量。同样，要遵循指标体系的最小性原则也是十分困难的。因而，指标体系的最小性也是一个相对概念。

尽管指标体系的完备性和最小性，在实际中执行起来很困难，但它为人们选定指标体系提供了明确的思路。

2.动态性原则

旅游业中所发生的安全事故具有时间上的累积性和一定的潜伏期，预警分析要考虑到时间的动态性，其指标体系在构建时也应该体现出警情累积期间的相关状况，遵循动态性原则。

3.科学性原则

旅游安全预警指标体系要建立在科学的基础上，能充分反映旅游安全的内在机制，指标的含义必须简单、明了，测算方法标准，统计方法规范，能全面、综合地反映旅游安全预警和管理的实现程度。

4.可操作性原则

旅游安全预警指标体系最终要被决策者使用，反映旅游安全的现状和趋势，为政策制定和科学管理服务。因此，指标体系的构建要遵循可操作性原则，即易于数据收集、易于量化，具有可评价性等特点。

5.定性指标与定量指标相结合原则

旅游安全预警指标体系应尽可能量化；对一些难以量化但其意义又很重大的指标，也可以用定性指标来描述。

（二）旅游安全控制系统

旅游安全控制系统是指在旅游行政管理部门对旅游企业的安全指标控制

与监管的同时，促进形成包括旅游企业自我安全控制系统在内的旅游行政管理部门、旅游企业、游客等安全主体的安全控制系统。旅游安全控制系统的建设，既有助于旅游行政管理部门及时掌握各旅游企业的安全信息，监督旅游企业遵循相关治安管理条例，也有助于促进旅游企业规范安全操作的标准化进程，提高游客的安全意识和安全防控技能的掌握程度。

### （三）旅游安全救援系统

旅游安全救援系统是指为实施旅游救援而建立的、涉及与旅游安全各相关层面的组织机构和包括旅游救援的分工、协作的工作体系。构建旅游安全救援系统要求将救援核心机构、救援外围机构等进行整合管控，形成旅游救援中心、医院、公安、消防、通信、交通等多部门参与的联动系统。智慧旅游管理平台的建设可以为旅游救援系统提供及时有效的旅游应急事件信息。在智慧化管理的基础上，通过视频分析技术等，利用全球定位系统、监控系统所提供的集成信息，救援机构能够高效、快速地进行决策指挥并展开旅游救援活动。

# 第三节　智慧旅游管理平台构建

智慧旅游管理是指以信息通信技术为基础，目的地旅游行政管理部门通过智慧化技术的全方位应用，提高旅游目的地管理能力、旅游安全保障管理能力等。实现智慧旅游管理，需要构建智慧旅游管理平台。

# 一、智慧旅游管理平台

智慧旅游管理平台是指智慧旅游目的地旅游行政管理部门在对目的地旅游信息进行搜集、整合的基础上，借助互联网、云计算、数据挖掘、二维码、移动通信网络、传感器、位置服务等技术，针对不同管理业务打造的具有针对性的管理平台。该平台具有复合性的功能，既可以实现对旅游目的地的智慧管理，又可以实现对旅游行业的智慧监督和对旅游安全的智慧保障。

智慧旅游管理平台各二级平台的评价指标如表 2-1 所示。

表 2-1　智慧旅游管理平台各二级平台评价指标

| 序号 | 二级平台 | 评价指标 | 满足 | 基本满足 | 不能满足 |
|------|----------|----------|------|----------|----------|
| 1 | 导向平台 | 是否满足导向服务的需求 | | | |
| 2 | 体验平台 | 是否满足旅游体验的需求 | | | |
| 3 | 服务平台 | 是否体现服务意识 | | | |
| 4 | 反馈平台 | 是否及时收到反馈信息 | | | |

导向平台，顾名思义具有导向、指引的功能。通过游客对相关信息的查询或通过实时的客服咨询服务，它可以帮助游客实现旅游产品的选择、行程的设定等。

体验平台，融入图片、声频、视频等多媒体元素，不仅可以使游客对景点的特色有进一步的认识，也可以极大地激发游客的旅游热情和积极性，促成其旅游之行。

服务平台，以游客的需求为前提，以实现最佳的旅游体验为目标，为游客提供详细、周到的服务。

反馈平台是四个二级平台中不可或缺的一部分，是旅游企业与游客交流互动的平台。旅游企业可以根据游客的反馈信息，及时地改进工作，提升旅游服务质量，拓展旅游业务。

裴盈盈、袁国宏认为，应该着力打造智慧旅游中央管理平台。根据国内外城市推进智慧旅游建设的实践经验，智慧旅游中央管理平台主要是由政府主导，各旅游企业支持建造的一个统一的权威的网络信息数据库。该平台包括电子政务系统、营销信息系统、最佳线路设计、信用评价系统、预订支付系统、投诉建议系统、人工服务和数据交换中心。

朱珠、张欣指出，构建智慧旅游管理平台，应注重动态、可扩展地接入多种应用终端和传感节点，融合多种服务系统，并提供旅游景点的智慧营销、智慧导游、智慧导购、交易结算、信息资源管理等基础应用服务，以及和旅游相关的其他行业的增值类应用服务，同时为其他涉旅企业提供平台支撑的开放性业务。智慧旅游管理平台的架构应主要涉及全面感知层、云平台构建层及应用服务层三个部分，通过在各旅游景点敷设多种类型的传感设备，采用无线传感自组网络技术与互联网结合，借助云平台，传递各类感知或控制信息，最终为旅游景点提供基础应用服务、增值类应用服务以及开放性服务业务。

王谦认为，在物联网管理模式下搭建的智慧旅游公共服务新平台，包括资源平台、云平台和应用平台。资源平台通过准确、动态、共享的数据库为智慧旅游奠定基础。在经过建立旅游网站的专业化阶段及能够提供一定数据共享和服务的旅游数字化阶段之后，必须搭建以准确、动态、共享的数据库为基础的平台，以便有效整合各类资源，以较统一的设计标准建立旅游资源数据库，为游客提供及时、准确、有效的旅游相关信息。云平台通过各个旅游业务的专业云为智能处理做支撑，通过整合各项旅游相关业务和专业机构资源，将各类从资源平台处获取的数据进行精确化的分析、整合和共享，才能提高数据的科学性和有效性，为旅游管理者做出决策及满足游客的各种个性化需求提供有力支撑。应用平台通过各种智能终端为智慧旅游的实际应用做保障，主要包括各类旅游组织的管理平台和游客使用的客户平台，各种智能手机、平板电脑都可以作为智慧旅游的智能终端。智慧旅游应用平台是任何与旅游相关的组织都可经营的平台，它不仅可以作为有关政府部门提供旅游公共信息服务的平台，也可以作为旅游企业的经营平台。比如，景区管理人员可以通过智能管理终端，对景区的环境、基础设施、人员安全等情况进行有效的监控，从而及时处理各种问题。此外，游客可以通过智慧旅游客户端，对自己所需的各种信息进行搜索查询或即时预订，也可以通过智慧导游收听生动的景点介绍，还可以将自己所处的交通、安全等情况上传，获得即时帮助。

## 二、智慧旅游管理平台架构

智慧旅游管理平台可以在电脑、智能手机、旅游触摸屏等各类终端设备登录，根据对各级别管理人员权限的设定，向管理人员推送不同的管理信息，使得相关管理人员可以在第一时间掌握所需管理信息，为智慧旅游管理提供决策支持。

笔者认为，智慧旅游管理平台可以包括智慧旅游目的地管理平台、智慧旅游安全保障管理平台等，这些平台又有各自的子平台。通过智慧旅游管理平台，旅游行政管理部门可以及时、有效地对旅游目的地的旅游相关信息进行把握，进而做出合理的旅游决策。

### （一）智慧旅游目的地管理平台

智慧旅游目的地管理平台主要包括智慧旅游行政服务平台、智慧旅游监测预报平台和智慧旅游信息管理平台三个子平台。

智慧旅游行政服务平台侧重对智慧旅游目的地的总体情况进行整体掌握。智慧旅游监测预报平台在对相关数据信息搜集整理的基础上，对旅游目的地的游客情况、资源与环境情况进行监测。智慧旅游信息管理平台主要将旅游信息进行分类，有针对性地为旅游管理者、游客和旅游企业提供旅游信息服务。

## （二）智慧旅游安全保障管理平台

智慧旅游安全保障管理平台主要包括信息安全保障管理平台和旅游安全保障管理平台两个子平台。信息安全保障管理平台主要确保相关信息不会被非授权用户访问，防范非法的信息输入和输出。旅游安全保障管理平台主要由旅游安全预警系统平台、旅游安全控制系统平台和旅游安全救援系统平台组成。

智慧旅游安全保障管理平台的建设有助于智慧旅游目的地旅游业健康、有序、安全地发展。

# 第三章 旅游大数据与智慧旅游

## 第一节 大数据在旅游业
## 发展中的作用

### 一、增加旅游经济价值

当前，旅游电子商务发展得风生水起，各种旅游创业公司不断涌现，在线旅游服务商呈现出产品精细化、服务专业化、竞争白热化等特征，这既为传统旅游企业带来了压力，又为新兴旅游企业创造了机遇。为了在激烈的市场竞争中夺得一席之地，并强化业务领域，旅游企业应当充分利用大数据。利用大数据，旅游企业能够对企业发展、行业趋势、市场变化、消费者特征等进行分析和预测，从而更好地制定发展战略、开展旅游市场营销等，进而抓住商业机会，降低运营成本，创造经济价值。

### 二、优化旅游行业管理

长期以来，交通拥堵、资源破坏等问题困扰旅游业发展，也影响了旅游体验和旅游舒适度。旅游企业既希望获得经济效益，又不愿因为保障服务质量和体验水平而将游客拒之门外。部分旅游企业宁愿降低服务质量和体验水平，也要持续接待大量游客，这产生了不良影响。而旅游企业充分运用大数据，通过客流调节、交通疏导、生态监测、视频监控等，实现可视化、智能化、便捷化管理，这样既能保障游客数量，又能提升体验水平。此外，大数据在安全预警、环境监测、资源保护、公共服务等方面有着广泛的应用前景。可见，大数据在旅游业中的广泛应用，有助于优化旅游行业管理。

## 三、助力旅游市场营销

旅游企业对与游客相关的大数据进行分析，能够探索和发现旅游消费和旅游活动规律，把握游客的心理和行为特征，进而提供有针对性的产品和服务，满足游客的个性化需求。例如，旅游企业可以根据游客在网上浏览的旅游信息，如旅游产品的价格、类型、所在区域等，分析游客的消费水平、旅游类型、意向旅游目的地等，进而推送产品和服务信息，实现精准营销。

## 四、推动旅游创新创业

旅游业中的大数据主要来源于网站访客行为记录、移动设备应用记录、物联网终端感知系统、人工采集数据信息、游客主动反馈等方面，旅游企业可以对这些数据进行分析，来寻找游客的诉求和兴趣点，并通过创新创业满足游客诉求、激发游客兴趣。对旅游业中大数据的分析和挖掘越透彻，就越能找到更多的商业机会。旅游创新创业企业的大量出现，将推动旅游服务和旅游体验的升级。

# 五、加快旅游企业变革

信息社会的高速发展，对旅游企业的变革能力提出了要求。为了适应迅速变化的社会环境、消费方式和大众生活，旅游企业应当不断发展变革。大数据可以帮助旅游企业寻找变革发展的方向。旅游企业中的大数据涵盖员工行为、资源消费、游客关系等各个方面，这些数据的变化都是对员工、游客、产品、服务、效率的反映。对运作效率、员工忠诚度、游客满意度、产品受欢迎度等数据进行实时监测，可以为旅游企业的变革方向和目标选择提供科学依据。

# 六、促进智慧旅游发展

智慧旅游的发展建设，包括两个层面的含义：一是智慧工具的综合应用；二是通过智慧工具产生"智慧"。在智慧旅游的发展建设中，应用软件、无线网络、物联网终端、智能门禁、智慧客房、旅游门户网站等包含大量的数据端口，并对旅游消费和旅游活动等数据予以记录和存储。通过大数据技术，旅游企业可以对这些巨量的非结构化、半结构化和结构化数据进行分析和挖掘，获得有价值的信息，从而更好地提供智慧服务，进行智慧管理，开展智慧商务、智慧营销等。因此，大数据的应用可以促进智慧旅游的发展，并真正实现旅游业的"智慧"。

# 第二节　旅游大数据类型

## 一、UGC（用户生成内容）数据

### （一）旅游文本数据

#### 1.旅游文本数据简介

旅游文本数据是指以文本形式呈现的可以应用于旅游研究中的一种数据类型。旅游文本数据能够传达出游客对旅游目的地的情感倾向，对旅游目的地研究具有重要的意义。

应用于旅游研究的文本数据主要包括三类：评论数据、游记数据、舆情数据。评论数据是指游客表达对旅游产品态度的文本数据。在旅游研究当中，评论数据一直被用于游客满意度的研究，如探讨游客满意度的影响因素等。在众多的评论数据当中，酒店（民宿）、饭店和景区是游客评论的重点对象，因此评论数据成为旅游研究的重点内容，对餐饮和旅游业发展与景区营销具有较强的指导意义。游记数据主要记录了游客在旅行过程中所发生的故事和个人感受，对游记的研究主要集中于游客情感分析和旅游推荐。而舆情数据，则主要以旅游目的地相关的新闻事件、网络热点和发酵所产生的社会观点为主要表现形式。

旅游文本数据的来源多种多样，包括针对旅游产品发布评论的平台，如缤客、携程等；也包括应用广泛的各大社交媒体平台，如微信、微博等。

#### 2.旅游文本数据研究

旅游文本数据的研究主要包括游客满意度研究、口碑及声誉研究、旅游舆情研究、游客情感及推荐意愿研究。

（1）游客满意度研究

游客满意度是指游客将对旅游目的地的期望与在旅游目的地游览后的体验结果进行比较，所产生的一种心理状态。研究游客满意度的目的在于提高服务质量、提升旅游体验水平。研究人员针对游客满意度的研究主要基于 UGC 评论数据，且侧重游客满意度属性以及游客满意度与其他相关因素的关系两个方面。

（2）口碑及声誉研究

口碑及声誉研究是 UGC 文本数据研究的重要内容，主要研究对象是游客，这类研究能够为旅游行业管理和旅游营销提供重要的指导意见。

（3）旅游舆情研究

随着在线旅游行业的发展，旅游舆情对旅游从业者和游客的引导趋势越来越明显，针对旅游舆情的在线文本数据研究成为研究重点。不同于口碑及声誉研究，针对舆情数据的研究通常聚焦于一定时间周期内产生的新闻、舆论观点及网友的讨论等。

（4）游客情感及推荐意愿研究

在游客情感方面，菲兰德（K. Philander）等人在研究中使用情绪分析技术对 Twitter（推特）数据进行分析，建立低成本、实时的酒店顾客态度或知觉测量模型，以指导酒店经营和营销研究。此项研究以拉斯维加斯综合度假区为例，为属于该市的每个 Twitter 账户创建一个情感指数并进行分析。研究结果表明，度假区经营者可以利用 Twitter 情感分析来构建一套有效且合理可靠的衡量标准，以了解公众的意见。

在推荐意愿方面，有学者提出了一个研究框架，这个框架能够帮助人们从大量的旅游博客中总结出先前未知城市的旅游信息，如热门旅游地点以及它们的旅游路线，目的是为用户提供更好的旅游安排。他提出了一种基于最大可信度的网络旅行路线检测方法，并将此方法应用于一家在线旅游服务公司运营的博客网站的数据中。结果表明，该方法能够有效地从海量数据中挖掘出流行的旅游信息，为游客提供合理的旅游推荐和旅游安排。

### 3.旅游文本数据分析

为了抽取并使用在线文本数据中隐含的有用信息，在旅游研究领域，各种文本挖掘技术广泛使用。旅游文本数据分析有两个典型步骤：数据收集和数据挖掘。

（1）数据收集

数据收集是利用互联网搜索引擎实现有针对性、行业性、精准性的数据抓取，并按照一定规则和筛选标准进行数据归类，最后形成数据库文件的一个过程。

目前，数据收集基本上是利用网络爬虫等技术完成的。网络爬虫技术是按照一定的规则，自动抓取万维网信息的程序或脚本。网络爬虫的爬行对象从一些种子 URL（统一资源定位符）扩充到整个 Web（万维网），主要为门户站点搜索引擎和大型 Web 服务提供商采集数据。通用网络爬虫的结构大致可以分为页面爬行模块、页面分析模块、链接过滤模块、页面数据库、URL 队列、初始 URL 集合几个部分。为提高工作效率，通用网络爬虫会采取一定的爬行策略。常用的爬行策略有深度优先策略和广度优先策略。

利用网络爬虫等技术收集到的信息可以反映游客的足迹、对景点的偏好、满意度等，对旅游景区、酒店等的服务质量提高具有很大的帮助。

（2）数据挖掘

数据挖掘包括数据预处理和模式发现。

①数据预处理

数据预处理是数据挖掘前的数据准备工作。一方面，预处理有利于保证数据挖掘的正确性和准确性；另一方面，通过预处理对数据格式和内容的调整，数据会更符合挖掘的需要。数据预处理的目的在于把一些与数据分析、挖掘无关的项清除掉，从而给挖掘算法提供高质量的数据。旅游领域会产生大量的 UGC 数据，而文本数据是 UGC 中比较常见的形式，其预处理的大致步骤分为数据清理、数据分割、词干提取、词性标注等。并且，不同的语言面临的预处理步骤会有所不同。

　　数据清理就是发现数据、模式的不一致、不兼容，并加以消除，提高数据的质量。数据清理主要解决的是数据质量问题。为了提高数据质量，其会去掉一些拼写上的错误、分隔符、非目标词语、低频词，留下有价值的相关词汇。对于游客的在线评论，可以利用数据清理删除评论中的无用记录，留下有价值的旅游相关信息。

　　数据分割就是分词（断词、词语切分），是把统一整体的长文本分割成为较小的可以独立处理的词或者短语。相较于字母型语言中天然用空格分隔的单词，字符型语言（如中文、韩文、日文等）文本中没有明显的词的界限，因此在进行此类文本处理时，分词功能的要求更高。而分词效果优劣将直接影响后续文本分析、数据分析的效果。

　　现行的分词算法主要分为两大类：基于词典的分词算法和基于统计的机器学习算法。前者将待匹配的字符串和一个事先建立好的"足够大的"词典中的词进行匹配，在这个过程中若是可以找到某个词条，则说明匹配成功，程序便识别了该词；后者常用隐马尔可夫模型、条件随机场、支持向量机等算法，可以兼顾文本中词语出现的频率及上下文语义，同时具备一定的学习能力，因此对歧义词和未登录词的识别都具有不错的效果。

　　分词这个过程，可以从大量句子中过滤出关于旅游景点、旅游情感等与旅游相关的关键词。

　　所谓词干提取，是指去除词缀得到词根的过程，也就是抽取词的词干或者词根的形式。词干提取是将从同一类别演化出来的文字归为一类，简化数据。例如，单词"cats""catlike"和"catty"都是基于词根"cat"，如果做词干提取，则"cats""catlike"和"catty"这三个单词提取出来之后都是"cat"。有学者运用词干提取，识别词根，并将所有单词与词根作为标记，用来简化旅游在线文本中的数据。

词性标注就是给不同的文字加上不同的标签，如形容词、名词、副词等。游客的旅游评论基本是由名词、形容词和否定副词组成的，用加标签的方法可以删除其他标签中不重要的单词。

②模式发现

模式发现是文本数据分析的另一个重要步骤，旨在探寻文本文档中有用的信息。在旅游领域中，模式发现的步骤主要有主题模型构建、情感分析、统计分析、聚类、文本总结和相关性建模。

主题模型实质上是一种语言模型。构建主题模型就是对自然语言进行建模，自动挖掘分析出文档中的主题文档分布和词汇主题分布。主题模型可用于在大量数据中寻找主题。有学者使用主题模型从大量旅游评论中快速发现了混合主题，如影响游客满意度的因素。

情感分析就是挖掘游客的观点、情绪，评估对服务等产品的价值。可以将游客态度分为三种（积极、消极、中立），来研究游客态度。从正面、负面或者中性能够识别游客对旅游景点或旅游产品的态度。例如，有学者倾向于使用情绪分析作为调查游客对酒店服务的意见的有用工具。在进行统计分析时，可使用描述性统计、T检验、相关矩阵等方法。

描述性统计用于概括和描述事物整体或者个体之间的情况，就是用制表、图形、分类和计算概括性数据来描述数据特征的各项活动。描述性统计要对调查总体所有变量的有关数据进行统计性描述，主要包括数据的频数分析、集中趋势分析（常用指标有均值、中位数等）、离散程度分析（常用的指标有方差等）等。描述性统计分析可以根据游客的评论概括出游客的相关信息（如年龄、性别、收入、地理位置信息等），描述性统计分子还可以描绘出游客画像、游客基本人口信息等。

T检验是用T分布理论来推断差异发生的概率，从而比较两个平均数的差异是否显著。其中，T检验可分为单总体检验、双总体检验以及配对样本检验。T检验可以用来检验景区之间游客的分类。

相关矩阵又叫相关系数矩阵，是由矩阵各列间的相关系数构成的。

以上这些方法被一些学者广泛应用于描述在线文本数据，用来研究身份披露、评论者的影响力和酒店的评分。

聚类就是按照某个特定标准（如距离准则），把一个数据集分割成不同的类或簇，使得同一个簇内的数据对象的相似性尽可能地大，同时不在同一簇中的数据对象的差异性也尽可能地大，即尽可能将同一类的数据聚集到一起，将不同数据分离。简单地说就是把相似的数据归为一类。博尔多尼亚（Bordogna）等人使用聚类分析根据 Twitter 中的地理标记消息将其地理位置 ID（用户身份识别码）字符串相似的行程分到一个类中。通过参考用户画像等，可以对游客类型进行聚类（可以大致划分出商务型、经济型等），也可以对游客路径进行聚类。

文本总结就是抽取相关信息，用简洁的形式，对文本内容进行摘要和解释，也就是从原始文本数据中提取出具备有用信息的文本。有学者提出了一种多文本总结技术来识别酒店评论中最具信息性的句子。

相关性建模用于发现文本数据（尤其是在线评论数据）和旅游要素之间的关系，如酒店、餐厅绩效、游客行为等。相关性建模常用各种回归方法，如线性回归等。线性回归模型是用来确定两个或两个以上变量间相互依赖的定量关系的。

## （二）旅游图片数据

### 1.旅游图片数据简介

旅游图片能够记录游客的经历并影响游客的行为，对旅游研究意义重大。旅游研究者通过游客拍摄到的图片可以更准确地了解到游客的真实行为及其旅游感受。但早期的旅游图片数据不多，且研究方法有限，因而这一方面的研究不多。随着以用户生成内容为主要特征的 Web2.0 的发展，越来越多的游客热衷于在旅行结束后，通过微信、微博、小红书等社交平台分享自己的旅行照片及游览历程。

2.旅游图片数据研究

随着旅游产业迅速发展，拍照逐渐成为游客基本的旅游活动之一，图片逐渐成为旅游研究领域非常重要的媒介，基于图片的目的地形象和游客行为研究也逐渐成为当前研究的热点。下面，笔者将从图片内容和图片数字足迹两个方面介绍基于旅游图片的研究。

（1）基于图片内容的旅游研究

基于图片内容的旅游研究由来已久，现有的图片研究大都基于图片内容进行分析与总结。此类研究可大致分为四个层面：游客对目的地形象的感知、目的地图片中的地标识别研究、目的地图片人物摄影行为的研究，以及图片内容的氛围研究。

（2）基于图片数字足迹的旅游研究

通过图片的数字足迹信息——GPS（全球定位系统）坐标的可视化，研究人员可分析目的地在游客分布等方面的特征，这对旅游研究具有重要意义，也是旅游目的地人流时空分析的基础。

3.旅游图片数据分析方法

针对旅游目的地形象的图片研究方法多样，但目前大多采用内容分析和符号分析两种方法。这两种方法都是通过人工分析的方式对图片内容元素进行解构的。

内容分析是一种对传播内容进行客观、系统和量化描述的方法，旨在通过表征有意义的词句推断出准确的含义，是对研究对象的一种非介入性研究。内容分析通常运用统计学方法对类目进行计量，分析结果采用图表的形式呈现。旅游目的地形象研究，大多采用人工识别方式进行照片的分类及编码，通常对图片显性内容进行分析，将图片中的主体事物按照一定规则和维度进行分类。

符号分析是符号学的一种分析方法，是将现实事物进行符号化并解析其背后意义的过程。在旅游图片研究中,研究人员先将旅游图片看作现实旅游元素符号化的结果,再将其背后携带的数据看作一种符号。因此,符号分析主要根据旅游图片的数字足迹进行,侧重对图片隐性内容的获取。从国内外研究成果来看,基于图片 GPS 的数据可分析出游客的时空特征、行为特征、旅游目的地的识别和分布情况等,可为旅游目的地营销、交通规划以及区域旅游管理等提供参考。与传统研究方法相比,旅游数字足迹作为分析工具具有客观性、时效性、成本低等特点,随着旅游行为的不断大众化和网络化,利用旅游数字足迹进行旅游空间行为研究对旅游研究和旅游实践创新具有重要意义。

随着互联网的发展,大量图片的涌现使得人工分析的方式显得力不从心,技术的更迭使机器自动分析法逐渐成为时代的宠儿。一种比较直接的方法是利用机器学习技术分析识别图片内容。

传统的图像分类算法在性能、效率、智能等方面都很难满足图像大数据的要求。近年来,图像对象分类的深度学习方法研究受到广泛关注,并出现了很多高识别率的算法。CNN(卷积神经网络)就是深度学习中的一种算法,目前主要应用于图像识别和图像分类。CNN 是一种深层神经网络模型,该模型利用卷积运算来处理二维图像以获取其特征,避免了前期对图像复杂的预处理。CNN 还具有权值共享的优点,这避免了在网络结构较为复杂时权值参数较多的问题,因此其在图像分类领域受到很多研究人员的青睐。

近年来,CNN 在多个领域持续发力,在语音识别、人脸识别、通用物体识别、运动分析、自然语言处理甚至脑电波分析领域均有突破。

## (三)旅游视频数据

### 1.旅游视频数据简介

随着移动互联网时代的发展,视频数据也逐渐成为旅游研究中一种重要的大数据类型。作为一种动态视觉材料,视频比图片和文本的信息丰富度更高，可以通过丰富的叙事情节进行讲述，更具沉浸感，因而越来越多的游客通过旅游视频了解目的地，并做出相应的旅游决策，视频已成为潜在游客获取旅游目的地信息、目的地构建旅游形象的主要渠道。

目前，旅游视频的研究主要以旅游宣传片、旅游广告、电影，以及视频类网站或 App 中的视频为数据源，其中，UGC 视频多分布在 YouTube、抖音等视频分享平台。中国互联网络信息中心发布的第 54 次《中国互联网络发展状况统计报告》显示，随着短视频平台用户黏性不断提升，短视频电商业务稳步发展，商业化变现效率持续提高，截至 2024 年 6 月，短视频用户占网民整体的 95.5%。

相对于传统媒体背景下的视频制作、传播，短视频具有碎片化传播、社交化属性、视频生产者与用户之间界限模糊等特点，适应了当今受众移动化的媒介阅读习惯。在旅游领域，越来越多的游客通过拍摄和发布短视频，在这些平台上记录、分享自己在旅行中的所见所闻，从而形成了广泛的数据资源，这可以为旅游管理、服务和营销提供有益参考和实践指导。

**2.旅游视频数据研究**

当前，基于旅游视频的相关研究多集中在官方发布的旅游宣传片或旅游广告，部分聚焦旅游电影或微电影，而将 YouTube、抖音等视频分享平台作为数据来源开展研究的尚且较少，对旅游视频 UGC 数据的研究仍处于起步阶段。在视频分析方法方面，目前旅游领域对视频的分析主要还是采用传统的问卷调查、实验设计、访谈等定性方法，少数学者开始尝试借助一些视频编辑软件抓取视频画面，并对画面的图像表征进行人工归纳分析，以揭示目的地形象。整体来看，目前旅游领域对视频素材的研究还比较初级，研究方法较为传统，研究样本量较小，越来越难以全面刻画和表征大数据时代背景下旅游目的地的整体旅游形象，因此借鉴其他学科先进的研究方法和技术手段越来越有必要。

## 二、事务数据

### （一）搜索数据

#### 1.搜索数据简介

搜索数据是旅游大数据的重要类型。游客通过各种搜索引擎来搜寻所需的旅游信息，于是便在他们所浏览的网页上留下了搜索记录，经过一定的处理后，这些搜索记录便可以成为有利用价值的搜索数据。搜索数据可以直接反映人们在旅游领域的关注点，因此有助于研究者更加直观地了解整个旅游市场。谷歌、百度和必应是目前常见的几大信息搜索工具，是搜索数据的主要来源。

#### 2.搜索数据研究

目前的研究显示，搜索数据在旅游研究中一直扮演着重要的角色，尤其是在抓取游客网络行为特征及辅助企业进行营销相关决策等方面发挥着重要作用。

在基于搜索数据的研究中，最热门的研究领域是旅游预测。旅游产业在国民经济中发挥着重要的作用，不论是对企业还是对相关管理部门来说，旅游预测结果都有着重要的参考价值。此外，搜索引擎营销已被证明是一条极具前景的线上旅游营销道路。搜索引擎营销法是指帮助企业通过有偿或无偿的手段获取搜索引擎结果页面和获知搜索数据的方法。将搜索数据与旅游营销结合起来的研究也是旅游学界的重点研究方向之一，但是目前国内基于搜索数据对旅游营销进行研究的论文较少。目前，国内对旅游营销的研究主要集中在营销创新、营销变革和精准营销三个方面。

（1）在旅游预测领域的研究

目前，基于搜索数据的旅游预测研究尚处在一个较早的阶段。其研究对象分为游客数量预测、旅游收入预测、旅游人才市场需求预测、旅游生态影响预测等，涉及众多领域，其中最为普遍的研究对象便是游客数量预测，即旅游需求预测。科学的旅游需求预测是旅游学界一直以来关注的焦点问题。然而，由于中国旅游业发展起步较晚，可供分析的历史数据不充足，同时导致旅游需求变化的因素复杂多样，旅游需求预测一直是一个难题。近年来，随着大数据时代的到来，旅游需求预测研究又有了新的思路。

目前，对旅游需求预测的研究方法主要有三类。第一类是采用经济计量技术，如利用影响旅游需求变量的自变量因子建立数学模型进行分析预测。第二类是采用时间序列模型，通过分析旅游需求变量的历史数据，寻求其中的规律，而后通过数学方法拟合其未来趋势来完成预测。第三类是采用人工智能理论，包括遗传算法、灰色理论、人工神经网络、支持向量回归等。其中，灰色理论不是直接寻找数据的统计规律和概率分布，而是在处理原始数据使其成为有规律的时间序列数据的基础上建立数学模型。

现阶段旅游需求预测研究的重点内容包括两个方面：一是如何为复杂的非线性旅游需求变化建模与设计分析方法；二是如何利用互联网数据尤其是网络搜索数据更好地帮助预测。李苑等人在《基于网络搜索指数的游客人数预测研究——以新疆阿勒泰冰雪旅游为例》一文中，避开不考虑趋势变化内在原因的时间序列分析方法而选择了计量模型作为分析方法，选取了新疆阿勒泰地区旅游人数变化的多种影响因子（如旅游质量、旅游价格、收入等），运用网络搜索指数合成方法对当地 2013 年 9—12 月的旅游需求进行了精度较高的预测。

（2）其他领域的研究

在游客行为研究领域，游客在某个目的地的时空分布为目前旅游学界最主要的研究对象。研究游客的时空分布特征既可以丰富旅游信息流的研究，也可以为网络市场营销和旅游市场开发的各种决策提供有效的参考。

在旅游需求预测研究备受关注的同时，旅游搜索数据与旅游财政收入、旅游环境承载力等领域的结合却被忽视了。此外，由于搜索数据能够使人们更好地理解游客对旅游产品的关注点，未来搜索数据在旅游产品设计、旅游应急预防措施等领域的应用也是值得研究的方向。

**3.搜索数据分析**

关键词选取与预测因子采集是分析旅游搜索数据的两大主要步骤，这是将大数据应用于旅游预测前的基础工程。

（1）关键词选取

搜索数据分析首先要仔细选取关键词，凭借这些关键词可以从搜索引擎中获取所需的搜索数据。关键词选取是利用搜索数据进行旅游研究的核心步骤，其结果高度依赖选取的方法。相关研究表明，在旅游研究领域中得到广泛运用的方法主要有三种：经验选取法、局部选取法和技术选取法。

①经验选取法

经验选取法仅仅基于研究者的知识背景和经验来决定选取哪些关键词，因此经验选取法是最简单的，在旅游研究中被广泛运用于检索搜索数据。虽然经验选取法简单易用，但它毕竟有着主观性较强的劣势，研究者很容易忽视重要的关键词，甚至选取到不正确的关键词。

②局部选取法

局部选取法是经验选取法的拓展延伸，其要先用经验选取法决定选用哪些基本关键词，而后再加入与基本关键词和搜索引擎的关键词推荐功能所提供的关键词等相关的其他关键词。显然，局部选取法获取的数据的全面程度远超经验选取法，不过由于所选的关键词范围较广，研究者在运用局部选取法时很容易遇到大量干扰甚至会选到不相干的关键词。

③技术选取法

技术选取法基于预测能力，依据预测变量同关键词的相关度，从一个可选范围中选取关键词。事实上，局部选取法与技术选取法各有优势，若结合起来，可成为一个相对系统且完善的选取关键词的方法。运用局部选取法，研究者能够获取较为全面的众多关键词，即获取充足的"粗加工产品"；而运用技术选取法，研究者能够从中选出最具预测性的关键词，从而更精准地获得搜索数据。

（2）预测因子采集

预测因子采集，就是将用第一步所选的关键词获得的搜索数据采集到预测系统中预测未来趋势的过程。其中，因子就是所获得的搜索数据。大多数旅游预测研究采用的是原始数据，直接把它们当作预测因子放入预测模型。当前，一些研究者开始偏好于应用索引构造，将一系列的原始数据组合到一个或者多个混合索引中。

## （二）订单数据

### 1.订单数据简介

订单数据指的是网络预订所产生的数据。游客在网上预订或直接购买食宿、景点门票等服务或产品后，会产生相应的订单数据，这些订单数据会被服务或产品供应方记录保存下来。酒店、航空公司等都能提供在线预订服务，相应地就能够获取并分析用户的订单数据。

订单数据的获取渠道主要掌握在各个提供订单的企业手中。网上预订业务的提供方大致可以分为以下两类：

一是专营预订业务的网络平台。国外有提供机票、酒店和出租车等预订服务的缤客；国内有携程、途牛等知名的 OTA（在线旅行社）平台，淘宝、美团等综合生活类服务和产品预订平台以及餐饮业的外卖配送平台等。

二是各类企业、景区等的线上销售渠道或官方网站。如家酒店的线上预订平台、故宫博物院的门票预售系统、国家大剧院官网等都属于此类，著名的酒店管理企业万豪集团也有自己的线上预订体系。

### 2.订单数据研究

目前学界对订单数据的研究数量尚少，但已经涉及与旅游相关的多个行业，如航空业、酒店业等，这些研究成果表明订单数据的分析利用对行业发展有着巨大的推动作用。这种推动作用主要体现在管理效率的提高和由此带来的生产和销售效率、质量的提高。订单数据主要应用于预测、用户画像分析、产品偏好分析等领域。冯霞等针对目前航空公司旅客细分工作不够精细的问题，提出一种 TCSDG 模型来描述旅客行为偏好并对其进行细分，将具有相同行为偏好的旅客聚在一起，便于航空公司针对不同行为偏好的旅客提供个性化服务。邵梦汝通过客票数据分析，按照铁路购票行为，将客户群体分为五种，并分析了每种客户群体的特点，据此对铁路部门的票务管理提出建议。张梦等基于携程网络酒店在线预订数据，研究了在线信息（包括顾客评论信息、酒店特征信息等）对用户对不同级别酒店的网上预订行为的影响。以上研究所关注的是根据历史订单数据的分析结果，优化决策策略以提高企业效益。事实上，除了解决提高效益的问题，研究者有时还需关注如何减少和填补收益漏洞的问题。以航空公司为例，一些代理人或不法分子为了获取利益，通过某些技术手段非法抢占座位，在给游客带来购票困扰的同时给航空公司造成巨大的收益漏洞，因而航空公司现阶段急需解决的问题之一便是如何利用合适的数据挖掘手段高效地挖掘并及时清理可疑订单。付丽洋通过分析订单数据，提出一种基于信息增益与序列前向浮动搜索的混合特征选择算法、基于代价复杂度剪枝算法的可疑订单识别模型构建方法，建立了有着较高的可疑订单识别率的单决策树识别模型及其规则集，为航空公司减少经济损失提供了有效帮助。

# 三、基于设备产生的数据

　　游客行为是旅游研究的核心，其中游客行为中最重要的就是游客在旅游过程中发生位置移动时产生的数据。游客位置移动数据的获取方式，也在不断变化。一般而言，旅游企业可以利用 GPS、基站等对游客进行定位。下面笔者主要介绍 GPS 数据和基站数据。

## （一）GPS 数据

### 1.GPS 数据简介

GPS 是一种全方位、全天候、全时段、高精度的卫星导航系统，能为全球用户提供低成本、高精度的三维位置、速度和精确定时等导航信息服务。GPS 在测量、导航、测速、测时等方面取得了广泛的应用，而且其应用领域在不断扩大。

GPS 由以下三个部分构成：

第一，空间部分。GPS 的空间部分是由 24 颗 GPS 工作卫星所组成的，这些 GPS 工作卫星共同组成了 GPS 卫星星座，其中 21 颗为可用于导航的卫星，3 颗为活动的备用卫星。这 24 颗卫星分布在 6 个倾角为 55° 的轨道上绕地球运行。卫星的运行周期约为 12 恒星时。每颗 GPS 工作卫星都发出用于导航定位的信号。GPS 用户部分正是利用这些信号来进行工作的。可见，GPS 卫星部分的作用就是不断地发射导航电文。

第二，控制部分。GPS 的控制部分由分布在全球的若干个跟踪站组成的监控系统构成。根据作用的不同，这些跟踪站又被分为主控站、监控站和注入站。主控站的作用是根据各监控站对 GPS 的观测数据，计算出卫星的星历和卫星钟的改正参数等，并将这些数据通过注入站注入卫星；同时，它还对卫星进行控制，向卫星发布指令，当工作卫星出现故障时，调度备用卫星，代替失效的工作卫星工作；另外，主控站也具有监控站的功能。

第三，用户部分。GPS 的用户部分由 GPS 接收机、数据处理软件及相应的用户设备如计算机气象仪器等组成。它的作用是接收 GPS 卫星所发出的信号，利用这些信号进行导航定位等工作。

GPS 具有性能好、精度高、应用广的特点，是最早投入商用的导航定位系统，其民用的定位精度可达 10 米内。已有的研究充分证明了 GPS 数据在旅游研究中的可行性和优越性。GPS 数据在旅游研究中的应用经历了三个主要阶段。与其他领域的研究类似，第一阶段的研究重点是其可行性和实用性。

第二阶段的研究主要集中在游客的空间行为、时间行为和时空行为等方面。第三阶段的研究主要集中在 GPS 数据分析、旅游推荐等方面。

经过不断的研究，GPS 与旅游的关系已经密不可分。GPS 除简单地为游客提供定位、导航功能之外，还可以记录使用者的行迹。定位与导航在很大程度上保护了游客的安全，也使旅程更加便捷高效。记录行迹的功能增加了旅程中与他人分享互动的乐趣，游客可以将自己的行迹更完整地记录下来，分享给有共同兴趣的人。

**2.GPS 数据获取**

（1）GPS 记录器

在现有的旅游研究中，让参与者在访问期间携带 GPS 记录器是收集 GPS 数据的一种典型方法。

GPS 记录器通常由移动的车辆或个人携带。研究者通过 GPS 记录器的移动可以确定车辆或个人的位置。其位置可以在地图背景下实时显示，或者在以后使用 GPS 跟踪软件分析轨迹时显示。这些 GPS 数据的属性包括经度、纬度、时间、速度、方向等。

GPS 记录器可以潜在地避免其他跟踪方法的许多问题（如精度不高等）。然而，招募志愿者携带 GPS 记录器需要很高的研究成本（包括设备和人工成本），而且这种数据收集方法带有一些样本偏差和目标导向。

这种方法适用于专业的游客行为分析。在实行中需要注意：①在选择志愿者时要有针对性，注意各类人群的比例，尽量避免偏差；②在调查时要实时记录。记录器是在不停监测的，其位置信息会显示在地图背景下。实时记录首先是为了数据的完整性与真实性，其次是为了排除在记录过程中由于意外，如丢失、损坏而产生的干扰。

（2）移动应用程序

相比之下，使用基于 GPS 的移动应用程序来获取游客的时空行为更加经济与灵活。通过对手机软件所记录的 GPS 数据进行抽取，可以更加全面地对各个人群进行信息收集。这种方式成本较低，操作也更加简单；但存在的问题是，移动应用程序中的 GPS 数据中杂项较多，将由旅游行为产生的 GPS 数据从众多的定位数据中抽离出来比较困难。

移动应用程序产生的 GPS 数据比较适合普遍性的调查，在数据抽取时很难将游客进行分类，面向的往往是全体游客。在处理时一定要注意数据的过滤，排除干扰。

### 3.GPS 数据分析

GPS 数据分析可以通过直接对元数据处理和将元数据进行转换两种方法进行。

（1）直接对元数据处理

①数据预处理

数据过滤是数据预处理的一个重要步骤。

在许多封闭空间或者天气较差的情况下，如在地下室等环境里，GPS 信号接收能力较差；同时，GPS 在定位时还会受到星历、电磁辐射等影响。这些因素会导致收集到的 GPS 数据存在不真实等情况，数据过滤的目的是去除信号差引起的噪声点。

②停留点检测

停留点检测就是要识别移动对象停留的位置。在旅游研究中，停留点可能意味着一个特定的地点，如旅游景点、餐厅或游客去过的购物中心，比轨迹中的其他点承载更多的意义。根据现有的研究，停留点检测已经成功地用于探索主要的旅游景点和旅游中的时间分配。

③游客行为轨迹的探索

研究者可以基于经过预处理的 GPS 数据进一步探索游客的运动模式。常见的方法包括统计分析、轨迹聚类、惯常模式挖掘和运动预测。

统计分析作为一种基本的数据分析方法，已被广泛地用于从 GPS 数据中获取游客的轨迹图。轨迹聚类就是通过将相似的轨迹分组到一个聚类来确定不同游客共享的代表性路径或共同趋势。惯常模式挖掘就是在事件的时间顺序集合中探索频繁的通用序列。运动预测就是基于历史 GPS 跟踪数据估计下一个旅游地点。

（2）将元数据进行转换

将元数据进行转换就是要将它们转换成其他格式，如矢量。预先配置的GPS 设备可以在景区的入口处交给游客。捕获的数据以一种标准格式存储。然后，数据按照存储后的格式进入软件中，软件将所有数据按照游客时间以及空间的顺序排列，从而得到 GPS 数据的矢量化模型。每一个矢量由时空坐标加上该时空上的速度（加速度）和角度（行进方向）决定。多个矢量构成一个矢量模型。对矢量模型进行分析，重点寻找游客集中的停留点，同时将这些停留点与地图相对应，可以分析出大部分游客在景区内的游览顺序。例如，若检测出游客一共有四个停留点，分别为停车场、路标、饭店以及核心景点，分析不同游客的游览顺序，可以得到具有共性的可能游览模式。

通过对各种模式进行比较，研究者可以得出最普遍性的游客行为模式。普遍的游客行为模式将是景区开发的基础。但同时要注意，游客行为模式并不是单一的，很多其他游客行为模式也蕴含着大量的信息，相比而言，分析那些非普遍的游客行为模式可以为景区的创新性改造提供参考。

## （二）基站数据

### 1.基站定位原理

基站定位一般应用于手机用户。手机基站定位服务又叫移动位置服务，它是通过运营商的网络获取移动终端用户的位置信息（经纬度坐标），在电子地图平台的支持下，为用户提供相应服务的一种增值业务，如中国移动动感地带提供的动感位置查询服务等。移动漫游数据通过无线电波采集，由基站发送和接收，并自动存储在移动网络运营商的内存或日志文件中。

手机联网是需要和基站通信的，基站为了认识手机就需要手机提供机身的唯一识别码。网络为了能够给手机计费，则需要手机有 SIM 卡，SIM 卡里面有用于计费的唯一身份码，这个码对应的是电话号码。移动电话通过测量不同基站的信号，得到不同基站下行导频的到达时刻或到达时间差，根据该测量结果并结合基站的坐标，一般采用三角公式估计算法，就能够计算出移动电话的位置。实际的位置估计算法需要考虑多基站（3个或3个以上）定位的情况，因此算法要复杂很多。一般而言，移动台测量的基站数目越多，测量精度越高，定位性能改善越明显。基站定位精度在很大程度上依赖基站的分布及覆盖范围的大小，有时误差会超过1千米。

基站数据只能记录用户使用移动电话的活动位置，即呼出和呼入、发送和接收消息、使用互联网和数据服务、使用移动电话与基站发生数据交换时候的位置信息（例如离开某基站的覆盖范围，或者进入新基站的覆盖范围）。

基站数据可以覆盖更大的空间区域，甚至包括一些开发程度较低的地区；基站数据中包含一些有价值的旅游信息，如原籍国。因此，将基站数据应用到旅游研究中，可以为旅游行为和旅游规划提供新的分析视角。

基站数据的缺点包括定位精度差、定位不连续、获取受限制等。

**2. 基站数据应用**

（1）基于位置信息的服务

利用基站，通过智能手机终端，游客可以很方便地进行旅游信息查询，随时随地查询到关于旅游目的地的最佳游览线路、景区介绍、住宿、餐饮、交通等相关信息。特别是随着生活节奏的加快、工作压力的加大，越来越多的人向往一场说走就走的旅行，旅游的随意性和无计划性增强，欣赏旅游景点、预订住宿、寻找美食的需求随时发生。通过基站，游客不用担心无计划旅游的不方便性，只要打开手机、平板电脑等智能移动终端就可以查询到自己所在位置周边的相关住宿信息（住宿条件、住宿费用、服务质量及客户评价等），以及交通信息和餐饮信息等。

（2）景区导览服务

在传统的旅游过程中，游客通过导游讲解了解景区的背景资料、人文典故等。随着旅游业的信息化和游客需求的个性化，传统的导游服务已经不能提供高满意度的导览体验，而基于基站的景区导览服务能很好地弥补这一点。

通过定位，游客可以获取目的地周边的景区，并可直接获取关于景区的文字、图片及视频介绍。基于基站的景区导览服务，可通过多种渠道给游客传递丰富的景区信息，让游客享受专属导览服务。此外，游客还可以随时获取所在地的天气、交通等各种信息，从而随时调整出行计划，避免受到交通拥堵、不良天气的影响。

（3）位置跟踪服务

位置追踪服务是基站的重要应用之一。通过位置追踪服务，利用大数据技术分析挖掘游客的历史游览轨迹数据，分析旅游景区在不同时间段的客流量变化，景区可以推断出游客感兴趣的程度以及客流量高峰时段，进而优化景区管理，满足游客个性化、智能化旅游服务的需求，提升游客的游览体验。此外，使用基站位置追踪服务的游客会在应用上留下行为数据，这些数据将是分析游客生活轨迹、行为轨迹的重要依据，能够为大数据建模提供重要参数。通过多游客的行为轨迹，人们可以得出城市交通拥堵情况、人流动向等信息。充分利用数据管理、预测等大数据分析手段，可以使旅游管理更加合理有效。

（4）应急救援服务

基站数据在景区应急救援中具有较大的应用价值。一旦游客遭遇危险，移动通信网络会在将游客的紧急呼叫发送到救援中心的同时，将该用户的具体位置一并传送给救援中心，救援中心就能迅速调配就近的救援团队实施救援，这就大大提高了救援的及时性和成功率。此外，游客还可以在游览过程中随时接收安全预警信息，优化游览路线，及时调整游览计划，避免不必要的风险，保证游览安全，优化旅行体验。

## 四、其他数据

其他数据可以分为本地数据和第三方数据两部分。本地数据指与旅游相关的可被旅游活动利用的任何数据，通常可再分为交通数据、气象数据等。第三方数据主要指非旅游领域中可应用于旅游领域的数据，如新媒体数据、通信运营商数据等。下面主要介绍对旅游有重要影响的两种数据，即交通数据和气象数据。

## （一）交通数据

### 1.主要来源

旅游交通数据涵盖范围十分广泛，既有各类交通票务数据，又包含车辆数据等，广泛的数据主要来源于团队的出游行程数据、导游的团队数据、城市交通管理部门的数据。其中，城市交通管理部门数据的精准度最高却不易获取，内容主要涉及高速卡口摄像头监控数据等。

### 2.应用方式

交通数据具有可观的价值，目前已广泛应用于各个城市、各个部门。例如，政府相关部门可利用交通数据打造旅游公共服务平台、行业监测平台等，景区可利用交通数据打造景区监控平台等。

交通数据的快速性和可预测性能够提高预测水平。例如，通过对高速卡口摄像头监控数据等的收集和整理，对高速卡口车辆视频和车流量进行统计，结合车型、牌号等因素，政府相关部门可以分析预测未来进入城市的车辆特征和数量。

运用旅游交通数据，将数据进行可视化处理，可以有效缓解旅游中常见的交通拥堵、人流密集带来的相关问题。旅游数据可视化是指运用计算机、图形学和图像处理技术，将旅游数据转换为直观的图形，通过分析图形为旅游管理提供指导。将数据进行可视化处理是交通数据应用与旅游行业结合的有益尝试。目前，不少地区的旅游公共信息服务平台都能够实时查询交通拥堵情况。以杭州市为例，杭州市交通拥堵指数实时监测平台网站是对交通数据可视化的典型应用，该网站包括干线路网监测、路网总体运行、分区域交通和数据查询下载四个部分。

旅游行业普遍存在淡旺季分明的现象，这一现象也是各类交通问题出现的主要原因。节假日交通拥堵现象虽在游客意料之中，但是仍然会影响游客满意度。交通拥堵、游客滞留还会带来一系列安全隐患。在旅游高峰期，有效利用交通数据既有助于游客规避拥堵路段和人流集中景区，也有助于交通部门合理规划交通设施，减少公众出行拥堵事件发生，实现景区车流量的预测和预警，合理调度交通资源。

此外，随着人工智能、无人驾驶等技术的应用，车联网技术愈加成熟，交通数据将有更多应用的可能性。

### （二）气象数据

气象数据包括温度、湿度、气压等方面的数据。毋庸置疑，气象部门相当于一个现成的大型数据库。

气象数据分为实况数据和模式数据两类。实况数据属于"一般过去时数据"，来自不同的观测设备。采集实况数据的气象站点遍布全球，观测范围从几千米的高空到地面，观测手段从高科技的卫星雷达到原始的人工观测，这些数据的采集都是为了更真实地反映地球外围大气圈的运动变化，而这些宝贵的数据可以称为天气预报之源。

模式数据与实况数据相比，可以说更简单也可以说更复杂。说它更简单是因为这类数据仅由各类计算机的程序运算生成，属于预测未来的"一般将来时数据"；说它更复杂则是因为计算量非常庞大，运用到的计算公式也异常复杂。

气象数据在旅游业中的应用主要包括以下两个方面：

第一，提供全面、及时、准确的旅游气象服务信息。随着近年来游客生活水平的提高，游客出游次数的增多，游客对旅游认识有所改观，对旅游服务精准化的要求也愈加显著。以上海为例，2016 年上海成立了市旅游气象中心，对全市距中心城市位置较远的 17 个 A 级景区发布未来 24 小时的天气、风力、温度情况，并在 4 个 A 级景区建立负氧离子观测点，为游客提供有"空气维生素"之称的负氧离子浓度等数据，获得了游客和景区的好评。

第二，利用数据规避突发性气象灾害，合理调节游客客流。通过全天候统计天气、风力、温度等情况，并根据历史信息，气象部门可以预测未来一段时间的气候情况。上海有许多合理利用气象数据的案例。比如，迪士尼景区在暑期会特别关注雷暴天气的影响，一旦有发生雷暴的可能，如"小飞象"这种会让游客"飞"在半空中的项目就会暂停开放，另外烟花的燃放也可能会受到影响；而宝山区的邮轮港更关注的是可能到来的大雾天气是否会影响邮轮的出发或停靠，以便提前作出应对。对于全国大部分景区，在春天来临时，花期预报之类的信息就很受关注。

未来，气象数据在旅游行业的应用将会在旅游气象数据公共服务、智能旅游气象科研、大数据应用创新孵化等方向展开探索。

# 第三节　基于旅游大数据的智慧旅游创新发展

## 一、构建智慧体系，注重端口建设

当前，智慧旅游的发展建设，主要围绕设施设备的智能化展开，如智能门禁、智能监控、客房智能系统等。要想实现基于旅游大数据的智慧旅游创新发展，就要构建全面的智慧体系，在旅游活动场所、旅游消费平台、旅游社交渠道等方面，强化端口建设，采集巨量数据，运用大数据技术，为智慧旅游发展建设提供"智慧"支撑。

## 二、串接终端设备，实现数据联通

目前，人们在智慧旅游的发展建设过程中已经投入了较多的设备设施，如液晶显示屏、公共信息查询终端、虚拟旅游设施、酒店自助入住系统、客房多媒体系统、智能点菜终端等。但是，这些终端设备在数据采集、数据共享、功能集成、设备通联等方面并未完全实现智能化。在企业内部，数据未能充分共享共用；在企业与游客之间，各自的终端设备未能串接联通。这不仅降低了智慧化水平，而且不利于数据的采集。以景区虚拟旅游系统为例，通常游客只能在特定的景点，运用虚拟旅游设备获得相关信息。但实际上，贯穿旅游活动的始终，游客都可能基于该系统搜索文化、消费等信息，在此过程中会产生大量浏览、查询、评价等数据。而在虚拟旅游系统未与游客智能手机、平板电脑连接的情况下，这些数据自然就流失了，更无从应用。只有对游客、旅游企业和公共服务中的终端设备进行有效串接，并实现数据联通，才能最大限度地方便数据采集，实现数据应用。

## 三、基于数据应用，获得充分智慧

长期以来，部分旅游企业对大数据视而不见、采而不用、联而不通，使得大数据的功能价值未能得到充分发挥。然而，智慧旅游的发展建设、数据端口的广泛分布、终端设备的便捷联通，能够为智慧旅游体系提供巨量数据。基于自身发展需要，旅游企业可选择相应的已采集到的数据，通过导入逻辑、建立模型、规定算法，对巨量数据进行分析和挖掘，从而获得有价值的信息。

由于大数据是全体数据，不是随机样本；是混杂数据，不是单一数据。因而，游客、旅游企业的行为轨迹就完全蕴含于巨量数据之中。旅游企业只要对数据进行充分挖掘，就能找到其中的规律，从而更好地提供智慧服务，进行智慧运营，开展智慧商务和智慧营销。值得注意的是，旅游企业通过大数据得到的结论通常具有相关关系，而不具备因果关系，即解决了是什么而不是为什么的问题，这就使得旅游企业在智慧旅游的发展中应用大数据时，必须与人的智力劳动相结合，从而使智慧旅游获得充分智慧。

## 四、立足现有数据，挖掘潜在价值

旅游业是一个注重体验性、分享性和终端应用性的行业，为大数据的生成和采集提供了天然沃土。当前可用的旅游大数据主要集中于以下几个平台：一是谷歌、百度等搜索引擎，掌握着巨量旅游搜索信息；二是携程旅行网、去哪儿网等旅游电子商务网站，掌握着大量游客在旅游信息浏览、旅游产品购买等方面的数据；三是马蜂窝、面包旅行等旅游社区网站和平台，集聚大量的用户，产生巨量的旅游点评、旅游分享等数据；四是旅游景区等的自媒体产生的数据，如旅游景区微博中粉丝、博文、评论等大量数据。上述数据涵盖了非常丰富的产品、服务、消费、体验等数据。对这些数据进行充分的挖掘、整合和分析，旅游企业能够获得有价值的信息。也就是说，立足现有数据，挖掘现有数据的潜在价值，是十分必要的。

## 五、面向旅游行业，服务社会发展

旅游目的地在安全、交通、导航、网络等方面提供的公共服务，通常具有普适性，即社会大众能够普遍享受。旅游目的地范围内的数据端口、智能设备、视频监控等，在采集旅游数据的同时，也能获得其他方面的数据。基于大数据技术，对旅游目的地范围内的巨量数据进行挖掘、采集和分析，能够获得对旅游发展和经济社会有用的信息。对这些信息进行充分应用，能更好地促进旅游业和社会发展。在大数据时代，智慧旅游服务社会主要有两种方式：一是基于智慧旅游数据端口，为社会发展提供海量数据；二是基于智慧旅游设施设备，为社会大众提供公共服务。实际上，智慧旅游目的地的发展建设，既能服务社会大众，又能优化旅游形象。因此，智慧旅游要想实现基于旅游大数据的创新发展，就要在面向旅游行业的基础上，服务社会发展。

# 第四章　数字经济时代
# 智慧旅游相关技术发展

## 第一节　虚拟现实技术

### 一、虚拟现实技术概述

#### （一）虚拟现实技术的概念

虚拟现实技术是一种可以创建和体验虚拟世界的计算机仿真系统，它利用计算机模拟产生一个三维世界的虚拟空间，为使用者提供视觉、听觉、触觉等感官的模拟，让使用者如同身临其境一般，可以即时、没有限制地观察虚拟空间内的物体。

一个典型的虚拟现实系统主要包括虚拟世界、计算机、虚拟现实软件、输入设备和输出设备五大组成部分。其中，虚拟世界是可交互的虚拟环境，涉及模型构建、力学特征、物理约束、照明及碰撞检测等；计算机涉及处理器配置、I/O（输入/输出）通道及实时操作系统等；虚拟现实软件负责提供实时构造和参与虚拟世界的能力，涉及建模、物理仿真等；输入设备和输出设备用于观察和操纵虚拟世界，涉及跟踪系统、图像显示、声音交互、触觉反馈等。

虚拟现实技术主要涉及模拟环境、感知、自然技能和传感设备等方面。

模拟环境是由计算机生成的、实时动态的三维立体逼真图像。感知是指理想的 VR（虚拟现实）应该具有一切人所具有的感知，除计算机图形技术所生成的视觉感知外，还有听觉、触觉、力觉、运动等感知，甚至还包括嗅觉和味觉等，也称为多感知。自然技能是指人的头部转动，眼睛、手势或其他人体行为动作，由计算机来处理与用户的动作相适应的数据，对用户的输入做出实时响应，并分别反馈到用户的五官。传感设备是指三维交互设备。

虚拟现实技术追求的是将传统的计算机从一种需要人用键盘、鼠标对其进行操作的设备变成人处于计算机创造的人工环境中，通过感官、语言、手势等比较"自然"的方式进行"交互、对话"的系统和环境。它将从根本上改变目前让人去适应计算机的不友善局面，而变成让计算机来适应人的一种新机制，从而使人不需要经过专门训练就可以使用计算机，使计算机渗透到人们工作、学习和生活的各个领域，能大大扩展计算机的应用。

虚拟现实技术是一种综合计算机图形学、多媒体技术、人机接口技术、图像处理与模式识别、多传感技术、语音处理与音响技术、高性能计算机系统、并行实时计算技术、人工智能、仿真技术等的技术，它以模拟方式为使用者创造一个实时反映实体对象变化与相互作用的三维图像世界，在视、听、触、嗅等感知行为的逼真体验中，使参与者可以直接参与和探索虚拟对象在所处环境中的作用和变化，置身于虚拟的世界中，产生沉浸感。

近年来，虚拟现实技术成为发展很快且非常活跃的最新技术，掀起一系列"R 技术"，如 VR 技术、AR（增强现实）技术、MR（混合现实）技术，将人们带入了"三维"信息视角，彻底颠覆了人们获取信息、产生信息、与世界交互、进行生产等的方式。

## 1.VR

VR 是利用计算设备模拟产生一个三维的虚拟世界，为用户提供视觉、听觉等感官的模拟，使用户有十足的"沉浸感"与"临场感"，但用户看到的一切都是虚拟的。VR 消费类设备可分为三类：需要配合电脑的头戴式设备；投射手机内容的 VR 转换支架；自带主机无须电脑、手机等外设的 VR 一体机。

### 2.AR

这项技术是利用电脑技术将虚拟的信息叠加到真实世界，通过手机、平板电脑等电子设备显示出来，并被人们感知，从而实现真实与虚拟的大融合，丰富现实世界。简而言之，就是使实际内容"活起来"，赋予实物更多的信息，增强立体感，加强视觉效果和互动体验感。

例如，GMC（商务之星）车载系统在其挡风玻璃上投射虚拟图像，用意是让驾驶者不需要低头查看仪表的显示与资料，始终保持抬头的姿态，避免在低头与抬头期间忽略外界环境的快速变化，以及眼睛焦距需要不断调整产生的延迟与不适，帮助驾驶者更好地感知路况信息，提高驾驶安全性。又如，在使用者与周围环境交互时，谷歌眼镜通过眼镜上的微型投影仪把虚拟图像直接投射到使用者的视网膜，使用者可以看到叠加过虚拟图像的现实世界。

### 3.MR

MR 是通过在虚拟环境中引入现实场景信息，在虚拟世界、现实世界和用户之间搭起一个交互反馈信息的桥梁，目的是增强用户体验的真实感。MR 技术的关键点就是与现实世界进行交互和信息的及时获取，因此它的实现需要在一个能与现实世界各事物相互交互的环境中。

## （二）虚拟现实技术的特征

从本质上说，虚拟现实系统是一种先进的计算机用户接口，它通过给用户同时提供视、听、触等各种直观而又自然的实时感知交互手段，最大限度地方便用户的操作，从而减轻用户的负担，提高整个系统的工作效率。

美国科学家曾提出"虚拟现实技术的三角形"，如图 4-1 所示。虚拟现实技术的三角形形象而简明地表示了虚拟现实技术所具有的最突出的"3I"特征：交互性（Interaction）、沉浸感（Immersion）和构想性（Imagination）。

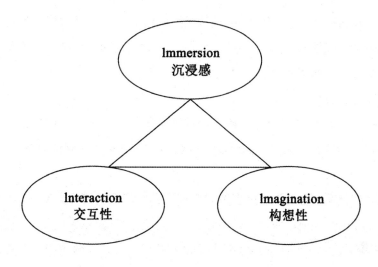

图 4-1　虚拟现实技术的三角形

**1.交互性**

交互性指用户对虚拟环境内的物体的可操作程度和从环境中得到反馈的自然程度。用户必须能与虚拟场景进行交互，产生参与感。这种交互的实现主要借助各种专用的三维交互设备（如头盔显示器、数据手套等），它们使用户能够利用自然技能，如同在真实的环境中一样与虚拟环境中的对象产生交互关系。

**2.沉浸感**

沉浸感又称浸没感、临场感、存在感、投入感，指用户感到作为主角存在于模拟环境中的真实程度。沉浸感要求必须存在一个由计算机产生的虚拟场景，这个虚拟场景能令用户暂时脱离现实世界，产生一种现场感。理想的模拟环境应该达到使用户难辨真假的程度。沉浸感包括以下两个方面：

（1）多感知性

多感知性又称感受性、全息性、真实性，是指除了一般计算机技术所具有的视觉感知，还具有听觉感知、力觉感知、触觉感知、运动感知，甚至包括味觉、嗅觉感知等。理想的虚拟现实技术应该具有一切人所具有的感知功

65

能。由于相关技术的限制，特别是传感技术的限制，目前虚拟现实技术所具有的感知功能仅限于视觉、听觉、力觉、触觉、运动等几种，无论从感知范围还是从感知的精确程度都无法与人相比。

（2）自主性

自主性指虚拟环境中的物体依据物理定律动作的程度。例如，当受到力的推动时，物体会向力的方向移动，或翻倒，或从桌面落到地面等。

3.构想性

构想性又称想象性，是指虚拟现实技术具有广阔的可想象空间，不但可以再现真实存在的环境，而且可以构想客观上不存在的甚至不可能发生的环境。

人类在许多领域面临着越来越多前所未有而又必须解决和突破的问题，如载人航天、核反应堆维护、气象及自然灾害预报、医疗手术的模拟以及多兵种军事联合训练等。借助 VR 技术，人类有可能从定性和定量综合集成的虚拟环境中得到感性和理性的认识，深化概念，产生新的构想。

## 二、虚拟现实技术在旅游中的应用

近年来，虚拟现实已不再是科学幻想和遥不可及的概念了。万豪自 2014 年起，便以其"任意门"标签跻身第一批涉足虚拟现实酒店品牌的一员，并同步展开跨越多种社交媒体平台且广受欢迎的"智慧旅行"活动，其目标是让新婚夫妻通过一种引人入胜的足以令其立刻决定的体验来考虑（并预定）他们即将到来的蜜月之旅。在四川广汉三星堆博物馆，一部类似投影仪的设备把青铜发财树的影像投放在幕布上，只要有游客从"发财树"下走过，或是伸手拨动"树枝"，就会有无数的"金币"从树上落下，让人颇感新奇。成都金沙遗址博物馆制作了以古蜀文化和太阳神鸟为主题的 4D 影片，受到青少年游客的青睐。成都武侯祠博物馆的"魔幻合影"能让游客与三国名将"并肩而立"。

虚拟现实以及相关科技产品已成为当今最热门的话题，并且有席卷旅游行业之势。人们能够通过虚拟现实设备直接体验一家酒店、一个饭店或一个景区等。

## （一）虚拟旅游的概念及特点

### 1.虚拟旅游的概念

虚拟旅游是通过互联网与虚拟现实技术，在现实旅游的基础上，将三维实景和电子地图等多种技术相结合，将旅游景观生动地呈现在游客面前，让游客根据自己的需求来选择游览路线，足不出户地遍览千里之外的自然风光、人文历史资源等，在虚拟世界中获取现实世界的旅游体验。

虚拟旅游分为狭义的虚拟旅游和广义的虚拟旅游。狭义的虚拟旅游是指通过互联网或其他设备，在虚拟景观中漫游和浏览；广义的虚拟旅游是从与现实旅游相对的角度，不仅指在虚拟景观中漫游、与旅游景观要素交互，还包括通过虚拟社区平台与其他参与者交互，借助旅游电子商务购买旅游纪念品等。

虚拟旅游平台既是传统旅游的有益补充，又可以更加深入地挖掘旅游市场，从而拓宽旅游市场。通过虚拟旅游，游客以虚拟游客的身份进入虚拟旅游景区，享受高仿真度的景区场景，使用多种嵌入式的旅游服务完全沉浸到交互体验中。游客通过对虚拟旅游互动性和趣味性的体验，在家里身临其境般游览远在异国他乡的著名景点，进行旅游线路的规划，将旅游需求变为现实旅游。

虚拟旅游也是保护重要旅游资源的良好途径。它将旅游遗产数字化，使其可以永久保存，支持人们远程浏览和欣赏易损的高价值旅游资源，有助于缓解旅游业对环境造成的压力。特别是我国一些珍贵的历史文化遗产和自然生态遗产，很多只残存了一小部分或是全部消失，通过高科技进行加工制作的虚拟景观，可真实还原这些珍贵资源的历史风貌，能在一定程度上弥补游客的遗憾。

2.虚拟旅游的特点

虚拟旅游包括多维信息空间，融合了人类的触觉、视觉等各种知觉，使游客在其建立的虚拟旅游环境中有身临其境的体验。虚拟旅游具有沉浸性、交互性、超时空性、多感受性、经济性、高技术性等特点，不受时间、空间、经济条件、环境条件的限制，可以满足游客的游览和审美需求，互动性和趣味性更强。

（1）沉浸性

游客通过图像、声音、文字等多种感知方式沉浸到计算机创造出的虚拟世界中，身临其境地体验虚拟旅游。

（2）交互性

虚拟旅游利用各类传感设备，如视觉、听觉、触觉等传感器，增加游客与虚拟世界之间的沟通手段，使游客与虚拟的信息环境发生交互。

虚拟旅游的交互性表现在两个方面：一方面，游客可以同虚拟环境进行交互。游客在虚拟旅游过程中不是被动地接受空间信息，还可以操纵虚拟景点中的物品，虚拟旅游系统会根据游客的操作实时地做出反馈。另一方面，游客可以与导游以及其他游客进行交流。

（3）超时空性

虚拟旅游产品不仅是现实景区的虚拟化，还可以将过去曾有的或规划者想象的而现实中并不存在的景观呈现出来。虚拟旅游产品的创建不受时间和空间的限制，它可以随时向游客展示被损毁的古代建筑等历史遗迹，并展示预测的未来世界。它可以超越空间，游客可以在本地进入异地，也可以进入一个很小的景物中，如一个原子；还可以在一个巨大的空间中漫游，如宇宙空间。

（4）多感受性

虚拟旅游给游客提供不同的感官享受，包括视觉、听觉、触觉、嗅觉和味觉，能最大限度地模拟现实世界，让游客沉浸其中。

（5）经济性

虚拟旅游能够使游客足不出户地享受到旅游带来的独特体验，避免了传统旅游中交通、住宿等诸多费用，并且不受时间和天气的影响，大大降低了旅游成本。

（6）高技术性

虚拟旅游依托虚拟现实、图像处理、仿真渲染、三维建模、人机交互等现代化高科技手段，具有广泛的应用前景，它不但是一种理念和方法的变革，更是技术的变革。

## （二）虚拟旅游的应用

目前，虚拟旅游应用主要包括以下几类：

### 1.360度三维全景漫游

全景虚拟现实是通过360度相机，环拍一组或者多组真实的场景照片，并将其拼接成一个全景图像，再利用计算机技术实现全方位欣赏真实场景的技术。通过这种技术可以对场景中的游览路线、角度和游览速度进行自由控制。

360度三维全景漫游可以给游客更加充分的选择自由，具有较强的互动参与性，能使游览过程不受时间、天气的影响，使游客可以随意更换观察点，多角度细致地游览，满足其多种体验需求。

### 2.真实再现古遗迹

在被烽火硝烟摧毁之后，许多古遗迹已残缺不全。虚拟旅游能够通过再现技术在科学家对古遗迹的研究资料基础上，建立一个全新的仿真世界，将被损坏的古遗迹复原并呈现给游客。游客只需要佩戴特制的传感设备，就能漫步于古遗迹的世界。

### 3.文物的保护性开发

由于受到文物保护的客观条件限制，必须对文物的开发进行限制，才能更好、更长久地保护这些文物。虚拟旅游可以解决文物的保护和游客游览之间的矛盾。

虚拟旅游利用虚拟现实技术，结合网络技术，可以将文物的展示、保护提高到一个崭新的水平：将文物实体通过影像数据采集手段，建立起实物三维或模型数据库，保存文物原有的各项形式数据和空间关系等重要资源，实现濒危文物资源的科学、高精度和永久的保存；利用这些技术可以提高文物修复的精度，预先判断、选取将要采用的保护手段，缩短修复工期。

虚拟旅游通过计算机网络整合、统一大范围内的文物资源，并且通过网络利用虚拟技术更加全面、生动、逼真地展示文物，使文物脱离了地域限制，实现了资源共享，真正成为全人类可以"拥有"的文化遗产。可以说，虚拟旅游可以推动文博行业更快地进入信息时代，实现文物展示和保护的现代化。

4.旅游规划

虚拟旅游在规划人员选定方案的过程中起到有效的辅助决策作用。利用虚拟现实技术，规划人员可以对待开发的旅游景点进行合理的规划设计与系统建模，生成虚拟场景。规划人员可以交互式地观察和体验虚拟景点，在真正实施规划方案之前判断其优劣，改进不足，验证实施效果。

5.旅游人才培养教学

随着旅游行业的日渐升温，社会对导游、旅游管理等相关专业的人才需求也在直线上升。然而，各大高校对这些专业人才的培训往往面临着实习资源匮乏、实地参观成本高等问题。对于全国各大主要景区，由于设备、场地、经费等硬件的限制，教师既不可能带学生现场学习，也不可能建设实体微景观来教学。而利用虚拟旅游，学生可以足不出户地获得生动、逼真的学习环境，彻底打破时间与空间的限制，加深对知识的理解。

# 第二节　物联网技术

从技术的角度来说，互联网实现了人与人之间便捷的联系与对话，而物联网是互联网的延伸和发展，能够实现人与物、物与物之间的联系对话。

## 一、物联网的概念与特征

### （一）物联网的概念

物联网可理解为"物物相连的互联网"，它有两层含义：第一，物联网的核心和基础仍然是互联网，是以计算机网络为核心进行延伸和扩展而成的网络；第二，物联网的用户端延伸和扩展到物品与物品之间进行数据交换和通信，以实现许多全新的系统功能。人们普遍认为，物联网是通过 RFID、红外感应器、全球定位系统、激光扫描器等信息传感技术或设备，按规定协议，将物品通过有线与无线方式与互联网连接，进行通信和信息交换，以实现智能化识别、定位、跟踪、监控和管理的一种网络技术。

### （二）物联网的特征

物联网进一步实现了人与物体的交流互通，以及物体与物体之间信息的共享传递等，从而创造出一批自动化程度更高、反应更灵敏、功能更强大、更适应各种内外环境、耐受性更强、对各产业领域拉动力更大的应用系统。

物联网的特征主要包含以下三个方面：

**1.全面感知**

物联网是各种感知技术的广泛应用，即利用多种传感器，及时采集物体的动态信息，其接入的对象更为广泛，获取的信息更加丰富。

物联网系统上部署了多种类型传感器，每个传感器都是一个信息源，不同类型的传感器所捕获的信息内容和格式不同。传感器按一定的频率周期性地采集环境信息，不断更新数据，获得的数据具有实时性。物联网获取和处理的信息不仅包括人类社会的信息，也包括更为丰富的物理世界信息，包括长度、压力、温度、湿度、体积、重量、密度等。

2.可靠传递

物联网是一种建立在互联网上的泛在网络。物联网的可靠传递特征是指物联网能通过有线和无线网络及时、准确地传递传感器所获取的信息。为了保障信息的成功传递，物联网需要有关通信协议的支持。

3.智能处理

物联网能够利用云计算、模糊识别等各种智能计算技术，对海量数据和信息进行分析和处理，对物体实施智能化的控制，真正实现人与物的沟通和物与物的沟通。

# 二、物联网的技术体系

物联网的具体应用涉及较多的技术，技术体系比较复杂。从功能上讲，物联网的技术体系可以划分成三个层次：

## （一）感知层——感知与识别技术

感知层是物联网发展和应用的基础，是实现物联网全面感知的核心。物联网的感知与识别技术包括 RFID 技术、传感器技术、红外感应技术、声音及视觉识别技术、生物特征识别技术等，它通过被识别物品和识别装置之间的接近活动，自动获取被识别物品的相关信息，并将其提供给后台的计算机处理系统来完成相关后续处理。下面主要介绍一下 RFID 技术和传感器技术。

## 1.RFID 技术

RFID 技术是一种非接触的自动识别技术，它利用射频信号及其空间耦合和传输特性进行非接触式双向通信，实现对静止或移动物体的自动识别，并进行数据交换。

RFID 系统由标签、读写器、天线三个基本部分组成。

RFID 系统数据存储在射频标签中，其能量供应及与识读器之间的数据交换不是通过电流而是通过磁场或电磁场进行的。标签由耦合元件及芯片组成，每个标签具有唯一的电子编码，粘贴或安装在产品或物体上，标识目标对象。

读写器由耦合模块、收发模块、控制模块和接口模块组成，用来读取（有时还可以写入）标签中的数据信息，通常为手持式或固定式设备。

在一套完整的 RFID 系统中，天线在标签和读写器间传递射频信号。当标签进入磁场后，天线接收读写器发出的射频信号，凭借感应电流所获得的能量发送存储在芯片中的产品信息（无源标签或被动标签），或者由标签主动发送某一频率的信号（有源标签或主动标签），在读写器读取信息并解码后，中央信息系统进行有关数据处理。

RFID 具有识读距离远、识读速度快、不受环境限制、可读性好、能同时识读多个物品等优点。日常生活中普遍存在的 RFID 相关应用有公交月票卡、ETC（电子不停车收费系统）、各类银行卡等。

## 2.传感器技术

传感器技术是一门涉及物理学、化学、生物学、材料科学、电子学、通信与网络技术等学科的高新技术，而其中的传感器是一种物理装置，能够探测、感受外界的各种物理量（如光、热、湿度）、化学量（如烟雾、气体等）、生物量，以及未定义的自然参量等。传感器技术正与无线网络技术相结合，综合纳米技术、分布式信息处理技术、无线通信技术等，使嵌入物体的微型传感器相互协作，实现对监测区域的信息采集和实时监测，形成集感知、传输、处理于一体的终端末梢网络。

传感器将物理世界中的物理量、化学量、生物量等转化成能够处理的数字信号。传感器由敏感元件、转换元件和其他转换电路构成。

敏感元件是指传感器中能直接感受（或响应）的被测量部分。转换元件指传感器中能将敏感元件感受（或响应）的被测量部分转换成电信号的部分。其他转换电路将转换元件输出的电信号进一步放大，经过整形、滤波、模/数转换等变换后，成为可识别的数字信号。

目前，传感器在被检测量类型和精度、稳定性、可靠性、低成本、低耗能方面还没有达到规模应用的水平，这是物联网产业发展的重要瓶颈之一。

## （二）网络层——通信与网络技术

网络层是物联网信息传递和服务支持的基础，物联网需要综合各种有线及无线通信技术、组网技术实现物与物的连接。物联网中网络的形式，可以是有线网络或无线网络、短距离网络或长距离网络、企业专用网络或公用网络、局域网或互联网等。

物联网被看作互联网的最后一公里，也称为末梢网络，其通信距离可能是几厘米到几百米之间，常用的通信技术主要有 Wi-Fi 技术、蓝牙技术、ZigBee 技术、RFID 技术、NFC 技术等。这些技术各有所长，人们结合实际应用需要可以有所取舍。例如：在物流领域，RFID 技术以其低成本优势占据着核心地位；在智能家居的应用中，ZigBee 技术逐步占据重要地位；而对于使用高清摄像的安防系统，采用 Wi-Fi 技术或者直接连接到互联网是比较好的选择。

物联网的许多应用，比如比较分散的野外监测点、市政各种传输管道的分散监测点、农业大棚的监测信息汇聚点、无线网关、移动的监测物体（如汽车等）等，一般需要远距离通信技术。常用的远距离通信技术主要有 GSM（全球移动通信系统）、4G/5G 移动通信、卫星通信等技术。

## （三）应用层——信息处理与服务技术

应用层的主要功能是把感知和传输的数据信息进行分析和处理，做出正确的控制和决策，实现智能化的管理、应用和服务。感知海量信息，并进行计算与处理是物联网的核心支撑，也是物联网应用的最终价值。

信息处理与服务技术主要解决感知数据的存储（如物联网数据库技术、海量数据存储技术）、检索（搜索引擎等）、使用（云计算、数据挖掘、机器学习等）问题，并对数据滥用的问题（数据安全与隐私保护等）进行防范。

对于物联网而言，信息的智能处理是核心。物联网不仅要收集物体的信息，还要利用收集到的信息对物体实现管理，因此信息处理技术十分重要。这就要求人们研究数据融合、高效存储、语义集成、并行处理、知识发现和数据挖掘等关键技术，掌握物联网和云计算中的虚拟化、网格计算、服务化和智能化技术。

# 三、物联网技术在智慧旅游中的应用

## （一）数据采集

在人们的家里、汽车里、办公室里，各种物联网设备源源不断地产生各种数据。通过搜集、处理和分析物联网数据，人们可以获得有价值的信息，从而做出更好的决策。

数据采集是物联网应用的基础层。数据采集就是通过各种传感器、识读器、读写器、摄像头等来识别、读取相关信息。其中，所运用的技术主要包括 RFID 技术、传感控制技术、短距离无线通信技术等。

采集方式一般包含两种：一种是报文方式。所谓报文就是根据设置的采集频率，如 1 分钟 1 次或 1 秒 1 次进行数据传输，数据一般存放到 MQ（消息队列）中。另一种:是以文件的方式采集。这种采集方式是毫秒级采集，就是设备不停地发送数据，然后形成一个文件或者多个文件。

1.环境监测数据

（1）自然环境数据

随着人们环境意识的增强，越来越多的人开始关心所处环境质量的好坏，要求环境保护工作透明化，为此需要采集数量大、种类多的信息。而这一切，给环保部门带来一个必须引起重视的问题：如何建立起实用性强、覆盖面广、灵活性好的环保数据采集系统，满足各方面对环境监测信息的需求。随着通信技术的进步，5G 无线网络的快速发展，为环境监测提供了很好的解决方案。

在环保系统中，常常需要对温度、湿度、噪声、气压、光照、有害气体等进行实时监测和监控，大部分监测/监控数据需要实时发送到管理中心的后端服务器进行处理。由于监测点分散，分布范围广，而且大多设置在环境较恶劣的地区，所以采用无线网络进行数据传输，成为环保部门的最佳选择。环境监测设备可将采集到的图像、数据和警告信息，通过无线网络同时发送到多个环保部门，大大提高环保部门的工作效率。

无线环境监测综合系统主要由三大部分组成：环保监控终端、无线数据传输设备、环保监控管理中心。

环保监控终端由监控摄像机、各种水质污染监测仪、大气污染监测仪、噪声污染监测仪等组成。

无线数据传输设备包括 4G/5G 无线数据终端等，如 CM550DVS。

环保监控管理中心有网络通信服务器、实时数据库服务器等。

无线环境监测综合系统的典型应用如下：

第一，垃圾处理设施环境监测。无线环境监测综合系统将无线环境监测、无线视频监控、无线 LED 信息发布三者融于一体，对在各类垃圾处理设施处采集的环境监测参数与垃圾处理视频监控信息进行综合分析和处理，并通过 LED 媒体及时、准确地向公众传播监测信息和数据。系统在极大地帮助市政管理和环保部门提高监管效率的同时，有效地向公众传达各类垃圾处理设施的二次污染控制实际情况，使其知情权得以保障，增加公众对设施处理能力的信任，从而有效促进新型处理设施的建设、投产。

第二，空气质量监测。目前，我国部分地区以人工采样和实验室分析为主的大气监测部门不能及时、准确地监测到污染物的实时排放情况，对各种突发性污染源及污染现场，也不能做到及时、准确地监测和处理。而基于无线网络传输的新型空气质量监测系统，是真实反映环境空气质量动态变化，实现环境空气质量日报、预报的重要技术手段。因此，作为物联网技术的典型行业应用，无线空气质量自动监测系统在各方需求的基础上逐渐开展应用并全面发展起来。

第三，火力发电/污水处理设施环境监测。部分地区的火力发电厂、污水处理厂的烟气、废气、废水、煤渣、淤泥等排放物长期以来都未得到行之有效的监管和控制；而作为新形势下的新技术产物，无线环境监测综合系统能够实现对排放口、排放区的视频监控与排放参数采集，并实时传输数据，使监管部门可以对其实时监看、有效管理。

（2）文物保护数据

文物承载着一个国家的历史和记忆，保留并传承着一个民族文化基因的脉络。文物具有不可复制性，一旦损毁，便难以原貌再现，因此文物的保护工作可以说是文物的"生命线"。在科技日益发达的今天，如何将科技手段融入文物保护工作当中，利用物联网和生物技术等构建可移动文物预防性保护系统，将文物保护关口前置，使"预防性保护"在文物保护中发挥重要作用，是文物保护人员要面对和思考的问题。

文物预防性保护，是通过有效的环境质量管理、监测、评估、调控干预，抑制各种环境因素对文物的危害，努力使文物处于一个"稳定、洁净"的安全环境，以达到长久保存的目的。

从传统的保护文物发展到对文物周边环境的监测，并从实时监测数据和微生物病害研究成果等入手，完善文物的预防性保护，形成文物预防性风险管理机制，是十分重要的。

文物预防性保护系统，包括环境监测系统、实验室检测分析系统、微环境调控和环境监控管理机制。

文物预防性保护系统，可以有效地对文物保存环境质量实施监测和调控，加强对珍贵文物的风险预控能力，最大限度地防止或减小环境等因素对文物的破坏作用。环境监测系统依靠环境监测平台对文物环境数据进行全面的采集、整理、比对分析、评估，并在必要时发出预警。该系统能够全面覆盖室外环境和室内环境，实时监测文物的保存环境质量，并汇集统计信息、科学分析数据、评估环境质量等。室外的在线式超声波气象站不间断地监测室外的温湿度、光照、紫外线强度、降雨量、风力、大气压强等气象指标。布置在展厅、展柜、文物囊匣、库房、储藏柜、文物修复区域等室内的监测节点，通过室内型二氧化碳（$CO_2$）温湿度合一传感器、室内型粉尘在线监测传感器、室内型大气有机挥发物总量温湿度合一传感器等各类型传感器终端，实现对不同材质文物保存环境质量 24 小时不间断监测，反馈室内温湿度阈值、光照强度、紫外线强度、$CO_2$ 含量、粉尘含量、大气有机挥发物含量等。

借助文物预防性保护系统，文物保护人员能及时监控库房、展厅和重点展柜等文物保存环境，实现超前保护、主动保护。

（3）安全保护数据

近年来，信息技术飞速发展，现代城市的信息化水平有了很大提高，人们逐步形成智慧城市建设理念。智慧旅游建设需要注重消防安全，逐步形成智慧消防云平台服务。

智慧消防云平台，采用"感、传、知、用"等物联网技术手段，综合利用 RFID、无线传感、云计算、大数据等技术，通过互联网、无线通信网、专网等通信网络，对消防设施、器材、人员等状态进行智能化感知、识别、定位与跟踪，实现实时、动态、互动、融合的消防信息采集、传递和处理；通过信息处理、数据挖掘和态势分析，为防火监督管理和灭火救援提供信息支撑，提高社会化消防监督与管理水平，增强消防灭火救援能力。

智慧消防的总体目标是通过"消"的智慧和"防"的智慧相结合，实现消防工作和队伍管理由传统粗放型向集约高效、精细化的转变，提高消防工作的科技含量，提升灭火救援工作的保障能力，开发服务消防的智慧化应用，加强消防的协同工作能力，提高消防队伍的整体素质和核心战斗力，进而提高居民生活的安全感和幸福感，为国民经济腾飞保驾护航，创造平安和谐的社会环境。

监控中心采用多级管理模式，各级中心监测管辖区域内联网单位的报警、故障及设施运行情况，支持消防网格化管理。监控中心值班人员实行 24 小时 7 天全天候值班，提供各项报警信息。监控中心数据存储在云端，云存储平台收集全国范围联网单位的消防数据，能够提供强大的数据分析功能。

### 2.智能设施数据

#### （1）窨井盖状态监测

窨井盖是一种重要的公共基础设施。智慧窨井盖云监测系统能够根据景区窨井盖分布的特点，充分结合实际应用场景，因地制宜，通过 LoRa（远距离无线电）无线云传感网等多种组网方式，在无须布线的情况下，可快速实现景区窨井盖智能实时云监测物联网系统的部署，极大缩短实时监测系统的施工时间，并降低系统的实施成本。此外，系统还具有很强的扩展性，可随时增加网络监测点，实现对窨井盖状态监控、实时报警、自动巡检、及时处置等功能，保障安全运行，进一步提高景区管理的信息化、智能化水平，为智慧旅游奠定行业应用基础。

智慧窨井盖云监测系统的功能如下：

第一，实时定位监控。工作人员通过结合系统直观的景区平面图，可实时查看窨井盖的位置和基本属性信息，监测窨井盖状态。窨井盖的基本状态包括：正常、异常、低电、维修和闭合异常。该系统可以实现地理地图展示，即在电子地图上显示窨井盖位置、基本信息、实时状态等，也可以通过文本形式展示窨井盖位置、基本信息、实时状态、历史状态记录等信息。

第二，防盗监管。该系统可以根据预先设定的报警规则，对景区窨井盖的异常情况进行监管。安装在窨井盖上的智慧窨井盖无线传感器，当窨井盖状态正常时，处于休眠状态；当窨井盖异常开启时，立即发出报警信号，通知相关负责部门采取措施。系统支持短信或邮件提醒，当窨井盖出现异常、低电时，可以发送短信或邮件通知值班人员。

第三，报警联动。该系统向报警中心发送报警信息后，同时还会向相关责任人和管理人员的手机等客户端发送报警信息。

第四，鉴权设置。当工程人员需要对窨井盖和线路进行维护时，控制中心在判断其合法性后进行解防，或是经授权的工程人员手持终端设备进行匹配解防。相关工作人员还可以通过该系统灵活设置窨井盖的维修时间。

第五，数据分析。工作人员可以通过该系统对大量的数据进行深度挖掘，从不同角度、不同需要等对各种数据进行重组、汇总及对比分析，挖掘出更有利于提升景区管理水平和效率的有价值数据。

第六，窨井盖资产管理。该系统可以对窨井盖的基本信息进行管理，包括窨井盖编号、经纬度、所在道路等。智慧窨井盖无线传感器采用国际标准化的 OID（对象标识符）的编码方式进行编码，窨井盖还采用 RFID 电子标签作为标识，其内部都有唯一的 ID 号。

（2）垃圾桶状态监测

随着人类社会的飞速发展和人民生活水平的提高，环保问题成为人们越来越关注的问题。垃圾桶是景区环保管理必不可少的组成部分。垃圾桶用于储存垃圾，避免环境杂乱。但垃圾桶的管理一直都是景区管理的难点，主要存在以下问题：

第一，经常会出现垃圾箱里的垃圾过多的情况。过多的垃圾溢出垃圾桶，导致垃圾杂乱，并且飘散，影响景区容貌。

第二，随着天气不断变热，垃圾桶里的温度过高，若有烟头等，则容易发生垃圾自燃的情况，存在一定的火灾隐患，危害公共安全。

第三，垃圾桶满溢情况主要靠人工定时巡查，存在清理滞后或人工、垃圾收运车白跑一趟，浪费人力、物力的情况。

针对以上问题，建设基于 LoRa 低功耗广域网技术、物联网技术、大数据技术的智能垃圾桶监测系统，可以实现对垃圾桶内部和外部环境的整体监测管理。这套系统主要由地埋式垃圾箱传感器、监控摄像头、LoRa 网关、设备云平台、垃圾监测业务管理平台、移动端 App 组成。该系统主要从垃圾桶内部监测和外部监测两个方面进行部署。

在垃圾桶内部监测方面，通过内置于垃圾桶盖的 LoRa 传感器，实时对垃圾箱的容量、垃圾箱内温度进行采集，将垃圾空间占用状态、倾倒状况、箱内温度等数据通过 LoRa 网络传输到 LoRa 网关，网关将数据通过网络实时上传到业务管理平台、移动 App，从而使垃圾管理者直观地了解各个垃圾桶的垃圾满溢情况与温度监控，方便安排垃圾收运车辆或清理人员进行清理服务，并为垃圾收运车辆规划最佳的回收路线。

在垃圾桶外部环境监测方面，LoRa 网关和路灯杆自带的摄像头通过网口连接，实时将摄像头采集到的垃圾桶分布点的监控视频画面通过网络传输到业务管理平台，实现垃圾桶现场环境的可视化远程监控管理。

智能垃圾桶监测系统优势如下：

第一，该系统采用 LoRa 的全无线架构，无须布线施工，部署灵活。LoRa 低功耗广域网具有低功耗、距离远、抗干扰、灵敏度高、成本低等优点。通过 LoRa 网关、LoRa 低功耗网络和垃圾桶内 LoRa 传感器实现无线通信，上行通过移动通信网络将采集到的数据上传到垃圾监测业务中心；网络内所有无线节点功耗可评估，且功耗相仿，自动组网、自动维护、网络连接可视，全天候稳定运行；管理方式多样，可通过直接访问网关或网络服务器对所有的监控进行管理；同时多个 LoRa 传感器、采集器的数据可统一通过一个网关发送，节省流量费。

第二，该系统可以实现对垃圾桶的实时监测。当垃圾桶满时，传感器将数据传给 LoRa 网关，LoRa 通信会自动联网发送垃圾已满的信息至垃圾处理中心，垃圾处理中心收到信息后会根据垃圾桶的联网定位进行垃圾回收处理。

第三，该系统可以采集垃圾桶温度，发现温度超过阈值的情况并识别火源系统自动监测上报异常信息。

第四，云平台远程监控，维护成本低。LoRa 网关支持接入设备云管理平台，通过设备云管理平台对分散在不同地点的终端设备进行统一的运行状态监管，实时掌握终端运行状况和在线网络状态、设备故障、流量使用情况，降低运营成本。

（3）消防栓状态监测

消防栓是供水管网附属设施之一，也是控制火灾的重要设备。其作用是控制可燃物、隔绝助燃物、消除着火源等。消防栓数量众多、安装分散，消防栓被破坏、消防用水被盗用、消防管道压力不足等问题层出不穷，导致当火灾发生时，消防栓不能发挥应有的作用，当严重时会造成生命和财产的重大损失。随着社会对消防安全的要求以及人们消防安全的意识不断提高，消防设施在建筑物中的应用越来越普及，消防栓智能化监管需求迫切。智能消防栓监测系统采用物联网技术和无线通信技术，通过智能消防栓监测器对消防栓用水、撞倒、水压、漏损进行监控，将消防栓状态、用水情况等数据通过无线网管传送给监控中心，监控中心再通知自来水公司巡查人员进行现场取证、制止或恢复。

智能消防栓监测系统的特点如下：

第一，实时压力监测。在监测到水压异常时，即时发送报警信息，可每天定时上报设备相关数据。

第二，远程监控。智能消防栓监测系统能够对消防栓进行远程实时监控，取代人工巡检，节约人力成本，避免人工巡检效率低下、发现及处理问题不及时等弊端。

第三，精确定位。通过 GPS 定位系统，智能消防栓监测系统能即时锁定设备位置，提高问题处理效率。

第四，超低功耗。无须外置电源，智能消防栓监测系统自备的供电电池可提供 5 年以上的续航。

## （二）智能应用实例

### 1.智慧酒店

随着我国社会的发展与转型，以及人民生活水平的不断提高，各大城市和景点吸引着越来越多的游客。作为旅游业的三大支柱产业之一的酒店业也迎来了新的挑战和机遇，如何更好地提升宾客的满意度成为酒店竞争的重要环节。物联网技术的出现带来了新的变化，通过物联网技术与人工智能技术相结合，全新的物联网智慧酒店出现在我们的生活中，真正实现了"你想要的，我都有"的愿景。

智能酒店的建设可以采用物联网 ZigBee 无线智能通信技术，整合酒店的门锁系统、照明系统、遮阳系统、影音系统、环境系统，从而实现系统设备的智能互联，将酒店建设成舒适、安全、高效的智慧型酒店。

（1）无人化自助入住、退房

智慧酒店系统采用 AI（人工智能）服务取代人工服务，微信平台取代人工前台，身份证取代房卡，还有房内无卡取电、语音智控房间设备及呼叫服务等多项新技术、黑科技。宾客通过酒店微信公众号完成订房、选房和付费，并通过无卡自助入住机核对身份后，使用刷脸、身份证或微信开锁进入房间，续住和退房也通过微信来办理。宾客在出门办事来不及回酒店续房或着急去机场、火车站时，可以拿出手机在酒店微信平台直接续房或退房。

无人化自助入住、退房功能使宾客免除排队办理入住、退房的烦恼，能有效保护宾客的隐私。

（2）智能化客控系统

智能化客控系统将房间内的主要电器设备（电子门显、可视猫眼、身份证门锁、空调、无卡取电器、电视、灯光、服务呼叫开关、窗帘、卫生间换气扇、受控插座等）通过客房管理主机集中控制管理起来，并通过局域网与管理电脑实时通信。这样，使用管理电脑就能很方便地对上述电器设备进行操控；同时，房间内的电器设备运行状态信息也会实时传送到管理电脑上。酒店管理服务人员可以全方位、全天候掌握房间状态，调控房间设备运行模式和参数，变被动控制为主动控制，从而使酒店客房管理由经验管理真正变为科学管理。

①智能温控系统

宾客在去酒店的路上就可以通过酒店微信平台提前设置客房的温度和湿度、开启空气净化器和打开窗户，系统会根据宾客的预计到达时间，自动计算合理的节能启动时间，同时系统会自动记住宾客上一次的选择。

②欢迎模式

当宾客来到客房推门而入，系统自动播放酒店欢迎词。伴随着轻柔的音乐，宾客的所到之处，灯光皆自动亮起，窗帘自动拉开，空调在冬日送来一袭暖风、在夏日送来一丝清凉，让人宾至如归。

③睡眠模式

夜色已深，宾客只需说一声"我要休息了"，灯光、窗帘、电视就会自动关闭，空调自动为宾客调整为舒适的睡眠温度。当宾客入睡后，门铃将自动设置为勿扰模式，避免宾客受到打扰。贴心又安静的操作，使宾客出门在外，也能像在家一样睡得踏实。

④智能灯光控制

灯光随声而动，随景而变。说话即可控制灯光的开关，如"打开床灯""关闭走廊灯"。

⑤智能电视控制

智能电视只需简单的语言指令，便能够运行或关闭。宾客想看什么节目、听什么音乐，只要说一声即可。

⑥智能空调控制

智能空调具备"有人时自动开启、无人时自动关闭、自动除湿、智能睡眠、语音声控、自主学习、远程操控"等功能，它可以根据宾客的语音指令，自动调节温度。

⑦智能窗帘控制

智能窗帘会"听"话，宾客只要说一声指令，如"打开窗帘""关闭窗帘""窗帘打开一半""早上7点打开窗帘"等，窗帘就会按照宾客的指令，智能开合。

智能化客控系统不仅能提高酒店的管理和服务水平，实现高效率管理及人性化的服务，而且符合国家倡导的节能环保要求，同时能大大提高宾客的入住体验及满意度。

2.智慧停车

景区智慧停车系统是一套智慧、高效的无卡、无人值守停车场收费管理系统。凭借高清视频采集技术和智能车牌识别算法，系统对出入车辆的车牌识别精准度达到了99%，使得车辆进出停车场无须等待、无须停车，缓解了高峰期入场拥堵情况。同时，该系统结合物联网和移动互联网技术，实现了一系列自动化功能，能帮助景区盘活车位资源，提高单个车位的停车能力，进而实现整体停车效率的提升，最终达到使游客满意的目的。

该系统以计算机视觉处理、数字图像处理、模式识别等技术为基础，对拍摄到的车辆图像、视频图像进行处理分析，完成对车辆身份的辨认；通过RFID技术，可以在查处违法、优先通行办理、机动车审验等方面提高工作效率；对数据的存储、检索、关联、推导等进行有价值的挖掘，打破单个停车系统信息孤岛现状，实现多个停车场在同一平台上的集中统一管理。

智慧停车系统采用无线通信技术、物联网技术、计算机网络技术等先进技术手段，实时采集停放车辆相关信息，通过无线基站传输至后台中心，对数据进行统计、储存、处理。该系统通过后台中心与前端 PDA 设备（具备条码扫描功能的手持设备）及相关系统进行数据交互，实现停车智能管理，通过车位监测技术、手机支付手段，提高停车收费监管力度，实现应收尽收，提高经济效益。

智慧停车系统主要有停车诱导、停车位管理、信息发布、车位预订、数据查询、自动支付等功能。它以准确、实时车位检测为基础，以多变、多级信息发布屏为载体，向驾驶员提供停车库具体位置、当前车位实时数据等信息，指引驾驶员合理停车；同时通过动态信息标志对停车位和容量分散信息聚合而成的实时信息数据进行分析，辅助管理部门进行管理和决策。

3.产品溯源

旅游商品通常是一个旅游目的地的代表，承载着当地的特色文化。游客将所购买的旅游商品带回家和亲朋好友分享，可以为旅游目的地起到宣传作用。近年来旅游产业发展迅速，但旅游商品开发相对滞后，部分景区商家的不诚信导致景区旅游商品市场出现产品质量问题，甚至频发欺诈或宰客现象，严重损害景区形象。景区迫切需要从商品的生产、加工、包装、流通、销售、服务等全程供应链环节构建旅游商品质量溯源体系，对景区旅游商品质量和服务进行监管，从而提升景区旅游商品的品质和知名度，重塑游客对购买高品质旅游商品的信心。

景区旅游商品质量溯源体系包含以下几个方面：

第一，旅游商品生产企业溯源信息。旅游商品的生产企业须具备政府登记的相应资质证书。

第二，旅游商品经营企业溯源信息。景区内旅游商品的线上线下经营企业，需要具备政府颁发的特许商品经营许可证、品牌资质证书、授权证书等。

第三，旅游商品流通企业溯源信息。这类信息可以确保旅游商品在运输配送过程中得到认可。

第四，旅游商品正品防伪。每一件旅游商品都具有全球唯一的识别码，游客能够通过手机或电脑快速查询到商品的来龙去脉，通过扫描旅游商品的二维码能够及时获取旅游商品的详细介绍信息、真伪信息和售后服务及评价信息，从而能够放心购买。

溯源系统是物联网、移动互联网、一物一码等技术的综合应用。在产品生产过程的重要环节，该系统可采集产品数据信息并形成产品溯源档案，从原料、生产加工、质量检测、物流运输等环节对产品进行信息监控。

旅游商品是未来旅游景区效益新的增长点，探索和开发高品质的旅游商品将成为旅游景区发展的重要方向。构建景区旅游商品质量溯源体系，能够为旅游商品提供品牌背书和质量保证，促进旅游商品行业的规范和创新。

# 第三节　GIS 技术和 LBS 技术

## 一、GIS（地理信息系统）技术

### （一）GIS 的概念

1963 年，加拿大学者汤姆林森（Tomlinson）首先提出了地理信息系统的概念，并开发出世界上第一个地理信息系统（CGIS）。加拿大应用 CGIS，使用 1∶50 000 的比例尺收集存储土壤、农业、休闲、野生动物、水禽、林业和土地利用的地理信息，分析确定加拿大农村的土地能力。

地理信息系统中的"地理"一词并不是狭义的地理学，而是广义地指地理坐标参照系统中的空间数据、属性数据以及在此基础上得到的相关数据。GIS 是在计算机硬、软件系统支持，对整个或部分地球表层（包括大气层）空间中的有关地理分布数据进行采集、储存、管理、运算、分析、显示和描述的技术系统。简单地说，GIS 是综合处理和分析地理空间数据的一种技术系统，是以测绘测量为基础，以数据库作为数据存储和使用的数据源，以计算机编程为平台的全球空间即时分析技术的系统。

GIS 处理、管理的对象是多种地理空间实体数据及其关系，包括空间定位数据、图形数据、遥感图像数据、属性数据等，用于分析和处理在一定地理区域内分布的各种现象和过程，解决复杂的规划、决策和管理问题。

GIS 的物理外壳是计算机化的技术系统，它由若干个相互关联的子系统构成，如数据采集子系统、数据管理子系统、数据处理和分析子系统、图像处理子系统、数据产品输出子系统等，这些子系统的优劣、结构直接影响着 GIS 的硬件平台、功能、效率、数据处理的方式和产品输出的类型。

GIS 的操作对象是空间数据，即点、线、面、体等有三维要素的地理实体。通常用图层来区别存储不同专题的空间信息数据，即每一层存放一种专题或一类信息，并有一组对应的数据文件。人们可以对各个图层进行单独操作，也可以同时对几个图层一起操作。空间数据的根本特点是每一个数据都按统一的地理坐标进行编码，实现对象的定位，并进行定性和定量的描述，这是 GIS 区别于其他类型信息系统的根本标志，也是其技术难点之所在。

GIS 的技术优势在于它较强的数据综合、模拟与分析评价能力。人们可以借助 GIS 得到用常规方法或普通信息系统难以得到的重要信息，实现地理空间过程演化的模拟和预测。

GIS 与测绘学和地理学有着密切的关系。大地测量、工程测量、矿山测量、地籍测量、航空摄影测量和遥感技术为 GIS 中的空间实体提供各种不同比例尺和精度的定位数；电子速测仪、GPS 技术、解析或数字摄影测量工作站、遥感图像处理系统等的使用，使人们可以直接、快速获取空间目标的数字信息产品，为 GIS 提供丰富、实时的信息源，促使 GIS 向更高层次发展。

地理信息系统与其他信息系统的区别在于，地理信息系统所存储和处理的是按统一地理坐标进行编码的信息，可以通过地理位置及与该位置有关的地物属性信息进行信息检索。作为地理学、地质学、地图学和测量学等传统科学同遥感与航测技术、GPS 技术、计算机科学技术等现代科学技术相结合的产物，GIS 正逐渐发展成为处理空间数据的多学科综合应用技术，广泛应用于资源调查、环境评估、灾害预测、国土管理、城市规划、邮电通信、交通运输、军事公安、水利电力、公共设施管理、农林牧业、统计、商业金融等领域。

国内外主要的 GIS 软件和平台，包括国外的 ArcGIS，国产的 SuperMap、MapGIS、天地图等。

## （二）GIS 软件体系结构

随着计算机软件、硬件和通信技术的不断进步，地理信息系统的理论和技术方法取得了惊人的发展，地理信息系统正在从一个单纯的应用系统发展为一个完整的技术系统和理论体系。

随着计算机系统性能的日益提升，GIS 的应用正变得越来越普遍。GIS 应用普遍采用较为成熟的"三层"软件体系结构。

GIS 系统功能划分为三个独立"层"，分别为数据层、应用逻辑层和表现层。其中，数据层负责提供独立于具体软件技术的数据管理功能，应用逻辑层负责提供不同功能的地理信息服务（可以通过工作流服务进行定制），表现层负责提供系统的用户接口、显示地图和提供一些基本的客户端功能。

## （三）GIS 技术发展

GIS 技术的发展，在软件模式上经历了 GIS 功能模块、集成式 GIS、模块化 GIS、核心式 GIS，从而发展到 ComGIS（组件式 GIS）和 WebGIS（万维网 GIS）的过程。

## 1.ComGIS 组件式技术

在组件技术的概念模式下，软件系统可以被视为相互协同工作的对象集合，每个对象都提供特定的服务，发出特定的消息，并且以标准形式公布出来，以便其他对象了解和调用。组件间的接口通过与平台无关的语言定义，而且是二进制兼容的，使用者可以直接调用执行模块来获得对象提供的服务。同时，组件封装很彻底，易于使用，并且可以在各种开发语言和开发环境中使用，不限于 C＋＋之类的语言。

ComGIS 开发平台通常可设计为三级结构：

第一级，基础组件——面向空间数据管理，提供基本的交互过程。基础组件处于平台最底层，是整个系统的基础，主要面向空间数据管理，提供基本的交互过程，并能以灵活的方式与数据库系统连接。

第二级，高级通用组件——具备通用功能。高级通用组件由基础组件构造而成。它们具备通用功能，能够简化用户开发过程，包括显示工具组件、选择工具组件、编辑工具组件、属性浏览器组件等。它们之间的协同控制消息被封装起来，使二次开发更为简单，如一个编辑查询系统，若用基础组件开发，需要编写大量代码，而利用高级通用组件，只需几行代码就可以完成。

第三级，行业性组件——抽象出行业应用的特定算法，提供基本的交互过程。以 GPS 监控为例，对于 GPS 应用，除需要地图显示、信息查询等一般的 GIS 功能外，还需要特定的应用功能，如动态目标显示、目标锁定、轨迹显示等。这些 GPS 行业性应用功能组件被封装起来后，开发者的工作就可简化为设置显示目标的图例、轨迹显示的颜色、锁定的目标，以及调用、接收数据的方法等。

## 2.WebGIS 主要实现技术

传统 GIS 系统是基于文件共享的低级分布式结构，数据集中存放于服务器，存在的主要问题有文件服务器结构的处理能力完全依赖客户端，效率低；客户端操作需要将服务器文件远程复制到本地进行；在进行多用户并发操作时，数据的完整性难以控制；数据频繁传输，易形成网络瓶颈。

万维网的发展渗透到各行各业，提供了越来越多的信息。随着人们对 GIS 应用需求的增加，利用万维网发布空间数据已成为 GIS 发展的必然趋势。

Web 是一种典型的分布式应用结构，应用中的每一次信息交换都涉及客户端和服务端。WebGIS 的主要技术方案包括服务器端策略、客户端策略和复合型策略；其技术包括客户端技术和服务器端技术。Web 客户端的主要任务是展现信息内容。

Web 技术极大地改善了传统 GIS 系统的结构、性能以及开发方式，方便人们采用多种技术扩展 Web 的能力。

（1）HTML（超文本标记语言）实现 WebGIS 系统

HTML 是万维网 B/S 计算模式的基础，浏览器作为客户端应用程序，可以存取的基本文档格式就是 HTML 文档。HTML 语言的出现使得万维网服务器可以发布地理数据或地图，拓展了 GIS 的应用领域，这个时期的 WebGIS 系统在功能上属于地理数据服务器或地图服务器，在技术实现上属于纯 HTML 方式，总体上还是 WebGIS 的起始阶段。

（2）CGI（通用网关接口）实现 WebGIS 系统

CGI 是一种连接应用软件和 Web 服务器的标准技术，是 HTML 的功能扩展。API（应用程序接口）技术类似于 CGI 技术，它们都是 WebGIS 较早采用的开发技术。在这种应用模式中，服务器端不必事先生成静态的地图，客户端可以获得动态的、交互的地图操作。

用户通过浏览器发送一个请求到万维网服务器上，万维网服务器通过 CGI 把该请求转发给后台运行的 GIS 应用程序，应用程序将生成的结果返回给万维网服务器，万维网服务器再把结果传递到客户端显示。这种方式存在服务器每次请求都要重新启动 GIS 应用程序的缺点，降低了系统响应速度。目前，大部分 WebGIS 系统采用 CGI/Server API 方法，通过使用 Server API，服务器请求后端 GIS 应用程序时不用重新启动该程序。

（3）脚本语言实现 WebGIS 系统

脚本语言是对 HTML 在功能上的扩展，使得 HTML 在显示数据的同时可以对数据进行简单的操作，它们都是某种编程语言的一个子集，根据运行环境的不同可以分为服务器端脚本语言和客户端脚本语言。

在实际应用中，脚本语言往往需结合组件技术使用。客户端脚本可以用来检查用户输入，服务器端脚本可以用来进行数据库连接，利用组件实现地理数据的操作等。客户端界面采用了标准的 HTML 表元素来提交用户的请求，兼容各种浏览器，通过脚本语言实现与用户的交互功能。服务器端利用可视化编程工具设计 GIS 组件，定制整个程序的应用逻辑。但客户端提交的是基本 HTTP 表单，缺乏良好的交互性能，不能用于多用户并发查询，理想的模式应是基于对象的客户/服务器交互，对象根据应用的需要和网络的状况既可以分布在客户端，也可以透明地分布在不同的服务器上，客户端对象和服务器端对象共同协作完成一项工作。

（4）Java 和 ActiveX 实现 WebGIS 系统

在浏览器中安装专门的 GIS 插件，可以提高浏览器处理数据的能力，减少网络流量，这在多媒体领域表现得尤为明显。与传统的应用软件类似，插入软件也需要先安装再使用，因而也存在传统软件中不同版本之间的不兼容性及版本管理问题。为了解决上述问题，互联网程序语言应运而生。

1995 年，美国公司推出 Java 编程语言，该语言是基于网络应用开发的计算机编程语言。目前，Java 和 ActiveX 技术有了新的发展，具备了组件式特性和分布式特性。

组件式特性是指软件的开发和维护可以是层次式的，不是一次进行的，具有很高的可重用性。在 GIS 应用中，可以将一些基本的功能封装为一个控件，在上面根据实际应用要求构造新的应用。软件的开发采用了一种和传统的线式编程不同的层次式编程方式，即在设计完成时软件并不是一个最终的产品，人们可以将一个控件无缝地引入，在外围进行新的开发，加入新的功能，产生一个新的控件。

分布式特性是指在组件式开发中，可以调用远程组件。这种特性对减轻服务器负担、实现网络负载平衡有很大的好处。

## （四）GIS 技术在智慧旅游中的应用

信息网络正以全球化、数字化的方式和姿态渗透到人们的学习、休闲、医疗等各种活动中，正在悄无声息地推动世界经济乃至社会的全面发展。在这样一种社会信息化浪潮中，信息化成为把控旅游业命脉的关键因素，GIS 技术在旅游行业的应用也得到快速的发展。

旅游业和地理位置具有极其密切的关系，旅游景点的分布、旅游服务设施的位置、道路信息等都基于相应的地理坐标和属性。在旅游领域采用 GIS 技术，是旅游业发展的必然需求。

GIS 的可视化地图、空间数据库、空间分析工具以及辅助决策等功能，为纷繁复杂的旅游信息处理和应用提供了新的技术手段。GIS 在旅游中的应用主要是将电子地图、WebGIS 等技术相结合，呈现旅游资源，这样可以对地图进行分层显示，对道路、行政区划、重要景点、酒店、餐馆等多个图层进行叠加。此外，有的 GIS 还提供了地图漫游功能和鹰眼功能，用鼠标来拖拽移动地图。游客和管理者可通过因特网进行旅游空间信息的浏览、查询、编辑、信息反馈、统计和专题制图等。

GIS 在旅游业中的应用大体分为以下几个方面：

第一，旅游景点的简介。内容包括旅游景点的历史概况、地理位置等资料，图片、图像等其他多媒体信息，旅游景点的优势、旅游公告等。

第二，地图检索。在地图上选择旅游景区或公交站，可进入相应页面，为游客提供每个公交站通过的公交汽车、地铁等的发车时间等信息；也可根据游客的查询条件搜索出公交线路，游客可根据自身状况选择最优路线。

第三，旅游资源的评价。利用 GIS 和遥感图像的波谱特性，建立相应的解译标志，用目视解译方法在遥感地图上识别不同的旅游资源，对各种不同的旅游资源进行分类，从而清查旅游资源的数量及其分布。

第四，旅游规划。GIS 具有数据存储、处理和管理功能，该功能可以为旅游规划提供基础数据支持。同时，GIS 还具有空间分析功能，利用 GIS 的拓扑叠加功能，通过环境层（地形、地质、气候、交通等）与旅游资源评价图叠加来分析优先规划开发区域。此外，GIS 具有制图功能，利用 GIS 软件可以绘制各种地图，如旅游资源分布图、旅游规划图等。

TGIS（旅游地理信息系统）是以旅游地理信息数据库为基础，综合、动态地获取、存储、管理、分析和应用旅游地理信息的多媒体信息系统。TGIS 在计算机硬件、软件支持下，充分利用 GIS、GPS、可视化等技术手段，具备高效管理地理空间数据、多媒体数据和旅游要素属性数据的能力，能够运用系统工程和信息科学的理论与方法，满足用户（游客及行业管理者）对旅游信息数据直观性、生动性和丰富性的要求，并向用户提供旅游咨询、智能导游、旅游信息分析、旅游管理等辅助决策功能。

TGIS 的本质是计算机应用软件，因此 TGIS 的开发也应遵循计算机软件开发的规律。计算机软件的系统架构是指导软件开发的灵魂，系统架构决定了软件的骨架、布局。在 TGIS 开发中，开发者一般选用下列两类系统架构：C/S 架构，即 Client/Server（客户端/服务器）模式；B/S 架构，即 Browser/Server（浏览器/服务器）模式。

在 TGIS 中，C/S 架构的组成为"旅游地理信息系统客户端"＋"旅游地理信息数据服务器"。在此架构下，系统任务将被合理地分配到 TGIS 客户端和数据服务器来实现，这样可以减轻系统的通信负担。按照 TGIS 的发展历史，早期大多数 TGIS 都是采用 C/S 形式的两层结构。

采用 C/S 架构的 TGIS 的主要优势在于能够最大程度上发挥出 PC（个人计算机）上客户端的处理能力，系统处理任务时，在提交给数据服务器之前，绝大多数程序处理工作都已经在客户端上完成，从而使得 TGIS 客户端响应速度加快。

具体表现在以下两个方面：

第一，应用服务器运行数据负荷较轻。在一般情况下，C/S 架构的 TGIS 数据库由两部分组成，即客户端程序和数据库服务器。客户端程序承担绝大部分操作指令的处理任务，而数据库服务器只负责数据的存储和接收客户端程序的数据调取指令，故而数据库（应用）服务器运行数据负荷较轻。

第二，更为透明清晰的信息数据存储与管理。在 C/S 架构下，服务器负责存储数据，而客户端负责管理程序，二者相互独立。不同的（已知或者未知）前台程序下的数据应用规则，如系统来访者的权限是否允许重复编号等规则，由服务器集中处理、实现。因此，在 C/S 架构下的旅游地理信息数据库不会杂乱无章，数据的存储与管理各有分工。

C/S 架构下的 TGIS 局限性有以下几个方面：

第一，C/S 架构下的 TGIS 的扩展性不强，在移动分布式办公环境日益普遍的今天，这一缺陷十分致命。此外，客户端的操作系统一般也会有限制，这对 C/S 架构下的 TGIS 在操作系统的兼容性上有着较高的要求。

第二，C/S 架构维护成本高，且投资大。在对 C/S 架构下的系统进行维护时，网络管理工作人员需要同时对 TGIS 服务器和 TGIS 客户端进行维护和管理，这导致维护成本很高，维护任务量大。而且，C/S 架构下的 TGIS 客户端安装需要针对每一台计算机安装特定的客户端软件，这进一步导致了维护工作量大。

第三，C/S 架构下的 TGIS 在投入实际使用之前需要针对可能出现的不同的操作系统开发不同的客户端版本，这一要求使得这一类架构在软件更新速度飞快的今天前途黯淡。

C/S 架构下的 TGIS 将一些 GIS 处理功能下载到客户端上执行，数据也是下载到客户端本地进行处理。C/S 架构适用于内部网，地理数据量不太大、用户对 GIS 功能有一定理解、分析功能不太复杂的情形。

C/S 架构下的 TGIS 有两种具体实现方式：一是下载客户端的地理信息模块；二是在客户端永久或半永久安装插件应用程序。在下载客户端的地理信息模块的方式中，GIS 功能模块可以是一些在客户端运行的小程序，它们在客户需要的时候，根据客户的请求分发到客户端。一旦数据和处理模块从服务器下载到客户端，用户就可以独立于服务器的方式工作，而不必在互联网上来回传送请求和响应。当每次启动系统时，必需的数据和小程序都要下载到客户端，耗时较长。改进方式是将小程序永久或半永久性地安装在客户端上，可以下载并永久性地安装一个插件程序到客户端浏览器上，也可以考虑将浏览器的功能加入客户端现有的 GIS 软件中。

B/S 架构是在 Web 网络环境成熟后快速出现并普及的一种系统结构模式。在 B/S 架构的系统中，服务器端只需安装 Oracle 或 SQL Server 等数据库，拥有地理数据和 GIS 处理模块，提供 GIS 数据和实时分析；用户使用端通常只要求具有一个浏览器，如 IE，可以提交请求和显示结果即可。在系统发布到万维网后，用户通过浏览器发送一个请求，通过互联网发送给万维网服务器，万维网服务器将请求通过一定的接口转交给后台的 GIS 处理模块，由其处理后经万维网服务器将结果返回，在用户浏览器中显示。

B/S 架构具有以下特点：

第一，更为简易的维护和升级方式。在对 B/S 架构下的 TGIS 进行维护和升级时，所有的操作只需要对 TGIS 服务器进行即可；通过网络连接服务，客户端可以与服务器状态保持实时一致。

第二，浏览器基数巨大，系统使用环境优秀。在个人计算机广泛使用的今天，类似 IE 浏览器等网络浏览器基本达到 100%覆盖，在这种情况下，B/S 架构下的 TGIS 让使用环境达到了最优级。

第三，B/S 架构下的 TGIS 依赖的服务器所承担的运行数据的负荷较重，大部分事务逻辑任务和数据的调用均要依赖服务器，倘若服务器突发意外或者遭遇不可抗力之后失效，那么整个系统将瞬间瘫痪。因此，B/S 架构下的

TGIS 都备有数据库存储服务器，以防万一。

## 二、LBS（基于位置的服务）技术

LBS 是指通过电信、移动运营商的无线电通信网络或外部定位方式，获取移动终端用户的位置信息，在 GIS 平台的支持下，使用地理信息为移动终端使用者提供相应服务的一种增值服务。

LBS 要先确定移动设备或用户所在的地理位置，才能提供与位置相关的各类信息服务。也就是说 LBS 要借助互联网或无线网络，在固定用户或移动用户之间，完成定位和服务两大功能。

与云计算、大数据和物联网一样，LBS 已经渗透到人类生活的方方面面，一切服务都基于位置。人们的逛街购物、娱乐游戏、工作学习、旅游出行、健康医疗、教育学习，均与地理位置紧密结合起来。

从历史的角度看，基于位置的信息概念并非新鲜事物，它是伴随着移动电话的出现而出现的。在移动设备出现后的很长一段时期内，使用者所接受的服务基本上是被动的、单向的，而不是双向互动的。LBS 的出现为使用者与服务提供者之间的双向通信和交互提供了可能。使用者告知服务提供者其位置信息，服务提供者根据该位置信息，向其提供所需的相关信息。

### （一）典型的 LBS 系统框架

一个完整的 LBS 系统包含如下几个部分：

1.位置服务平台

位置服务平台从定位设备获取定位信息，并将定位信息与其他相关信息（如地理信息）相结合提供一种基于位置的综合信息。位置服务平台对接入的服务提供商进行管理，同时还提供计费包的计算等非位置服务应用，它是整个定位信息服务的一个关键环节。

## 2.内容及地图服务平台

内容及地图服务平台主要包含空间数据库、黄页数据库，交通数据库等数据库，它主要为定位信息服务提供与位置相关的信息内容，包含地图、地名、地址、交通路况等各个方面的信息，是整个定位信息服务的主体内容。

## 3.通信网络

通信网络由移动通信网络和计算机网络结合而成，两个网络之间通过网关实现交互。移动通信网络主要是移动信息终端与服务中心的链路连接，它是定位信息服务的信息载体与通道，同时也是移动定位的关键组成部分，可以是 Wi-Fi、4G、5G 等通信网络。

## 4.移动信息终端

移动信息终端指各种能接入移动通信网络当中的信息终端，包括移动电话、个人数字助理、手持计算机、车载终端等，也可以是通过 Internet（因特网）通信的台式计算机。

## （二）LBS 系统的关键技术

LBS 系统建立在 GIS 基础平台之上，提供定位和服务功能，涉及的技术范围非常广泛，如 GPS 技术、蜂窝基站定位技术、加速度传感技术、网络通信技术、增强现实技术、地理坐标转换技术等，下面对定位技术和加速度传感技术做简单介绍。

## 1.定位技术

定位技术是实现 LBS 系统应用的关键技术，主要包括 GPS 技术、蜂窝基站定位技术和 Skyhook Wi-Fi 定位技术，不同的技术适用于不同的信号环境。

GPS 是目前全球应用最广的定位系统。蜂窝基站定位技术的基本原理是通过天线发送信号，寻求离它最近的 4～5 个基站，进行定位，定位结果并不精确。Skyhook Wi-Fi 是 Skyhook 公司发布的信息定位服务，其基本原理是 Wi-Fi 热点位置固定，通过采集 Wi-Fi 热点定位，与 Wi-Fi 热点 MAC 地址绑定，系统接入无线信号，获取定位信息。

Wi-Fi 是室内定位的主要技术。GPS 定位和蜂窝基站定位都最多到经纬度，要知道楼层或房间，目前相对靠谱的技术是 Wi-Fi。如果一个用户曾经接入过某个 Wi-Fi 热点，当他再次经过时便可直接接入，即变相告知商家"我出现在这里"。一些互联网公司和运营商已经建立了规模可观的 Wi-Fi 热点 ID 具体地址数据库，通过 Wi-Fi 热点名称即可查到具体位置。

### 2.加速度传感技术

加速度传感器是一种能够测量加速力的电子设备。加速力是物体加速过程中作用在物体上的力，与地球引力（重力）类似。加速力可以是常量，也可以是变量。通过测量由重力引起的加速度，可以计算出设备相对于水平面的倾斜角度；通过分析动态加速度，可以分析出设备移动的方式。

在一些特殊的场合和地貌，如隧道、高楼林立的城市、丛林地带，GPS 信号会变弱甚至完全消失。通过加装加速度传感器及通用的惯性导航，可以进行系统死区的测量。对加速度传感器进行一次积分，可以得到单位时间里的速度变化量，从而监测在死区内物体的移动。

例如，在智能手机中广泛内置的三轴陀螺仪，可以测定在空间坐标系三个方向轴上的加速度分量，进而通过三个方向的加速度积分计算出三维速度和位置，人们便可以知道自己在哪儿。

### （三）基于 LBS 的旅游应用发展

2010 年前后曾出现一波 LBS 创业热潮，"街旁"等以签到为核心的产品应运而生，这一个阶段的 LBS 创业更多是从商家精准营销的目标出发，未能抓住用户刚需，现在大都已难觅踪迹。2011 年，以"陌陌"为代表的、以微信"附近的人"跟进的 LBS＋SNS（社交网络服务）的应用开始出现，并最终获得成功，娱乐和社交成为 LBS 最成熟的应用。

如今，LBS 的应用维度逐渐扩大到社交、出行、物流、资讯、智能硬件等领域，很多 App 都需要读取用户位置信息：新闻客户端需要根据用户位置推送本地新闻，酒店 App 需要根据用户位置搜索附近酒店，团购 App 需要告诉用户附近优惠，打车 App 需要知道用户所在的位置，手机游戏需要结合定位做一些线下交互。

随着通信基础设施、智能终端和位置传感器功能的加强，以及移动互联、云计算和大数据技术的发展，越来越多的本地化 App 通过接通地图厂商提供的 API 实现定位、导航等服务。如神州专车、小牛快跑、江南出行等多款 App 都嵌入在高德地图的开放平台上。

旅游具有明显的移动特性和地理属性，与 LBS 非常切合。在旅游领域，"LBS＋团购""LBS＋SNS""LBS＋点评"等形式的服务与营销应用不断推陈出新，基于位置服务的移动电子导游服务正在加速智慧旅游的建设进程。

对游客而言，移动电子导游将会带来更好的旅游体验。移动电子导游在通过智能移动终端定位获得游客的位置数据后，根据游客所在时间点和空间点，除了帮助游客自动获得景点讲解和一些增强现实的景区景点信息，还能给出游客下一步行动的建议和选择方案。提醒通知、行程时间管控、即时预订、当地推荐通知及商家打折促销信息、支付与电子检票等游客在旅游过程中的所有问题，几乎都可以通过对移动电子导游系统的简单操作来实现。

# 第四节　区块链技术

## 一、区块链的定义

　　狭义的区块链是一种按照时间顺序将数据区块依次链接形成的一种链式数据结构，并以密码学方法保证数据块的不可篡改和不可伪造。广义的区块链是利用块链式数据结构来验证与存储数据，利用分布式节点共识算法来生成和更新数据，利用密码学的方式保证数据传输和访问安全，利用由自动化脚本代码组成的智能合约来编程和操作数据的一种全新的分布式基础架构与计算范式。

　　在区块链中，数据以区块的方式永久储存。区块链的三个要素是交易、区块和链。

　　交易是一次操作，是导致账本状态的一次改变，如添加一条记录。

　　一个区块记录了一段时间内发生的交易和状态结果，是对当前账本状态的一次共识。区块的数据结构一般分为区块头和区块体。以比特币为例，区块头部分记录了版本号、前一个区块的哈希值、默克尔树的根值、时间戳、目标特征值和随机数值；区块体部分则包含了经过验证的、区块创建过程中产生的所有交易信息。

　　链由一个个区块按照发生的顺序串联而成，是整个状态变化的日志记录。区块链的时间戳解决了区块的排序问题，新区块在生成时便记录着上一个区块通过哈希计算得到的哈希值，这实现了区块密码学链接。

　　可以看出，区块链本质上是一个应用了密码学技术、多方参与、共同维护、持续增长的分布式数据库系统，也称为分布式共享账本。共享账本中的每个账页就是一个区块，每个区块都写满了交易记录，区块首尾衔接，紧密相连，形成链状结构。区块链数据由所有节点共同维护，每个参与维护的节点都能获得一份完整的数据拷贝。所有节点共同维护一条不断增长的链，记录只能添加，不可删除、篡改。

区块链技术为解决知识共享的信任、真实性和激励分配等问题提供了解决方案，但技术永远都是中立的，任何技术都是双刃剑。区块链作为一种新兴技术，也存在诸如存储有限、效率低、生产耗能高等劣势。数据在写入区块链时需要执行时间，所有节点都同步数据，也需要更多的时间。每个区块只有 1~8 MB，保存数据量有限，如果扩容，则需要同步数据，效率又低、又费劲。区块的生成需要耗费资源进行无数无意义的计算。

## 二、区块链的特征

区块链具有去中心化、公开透明性、不可篡改性、匿名性等特点，区块链被誉为制造信用的机器。

### （一）去中心化

去中心化是区块链最基本的技术特征，意味着区块链应用不依赖中心化的机构，实现了数据的分布式记录、存储与更新。在传统的中心化网络中，业务运行高度依赖中心节点的稳健性与可信性，黑客若对单一的中心节点进行攻击就可破坏整个系统。而区块链的分布式架构使全网节点的权利和义务均等，系统中的数据本质是由全网节点共同维护的，具有点对点、多冗余等特性，不存在单点失效的问题。因此，区块链应对拒绝服务攻击的方式比中心化系统要灵活得多，即使一个节点失效，其他节点也不受影响。

## （二）公开透明性

区块链系统的数据记录对全网节点是透明的，数据记录的更新操作对全网也是透明的，这是区块链系统值得信任的基础。由于区块链系统使用开源的算法及代码、开放的规则，具有高参与度，区块链的数据记录和运行规则可以被全网节点审查、追溯，具有很高的透明度。

## （三）不可篡改性

区块链中有两套加密机制防止记录被篡改：第一套是采用默克尔树的方式加密交易记录，当底层数据发生改动时，必会导致默克尔树的根哈希值发生变化；第二套是在创建新的区块时放入前一个区块的哈希值，这样可以使区块之间形成链接关系，若想改动之前区块的交易数据，就必须将该区块之前的所有区块的交易记录和哈希值进行重构，这是很难达到的，除非能够同时控制系统中的大多数节点（根据共识算法的不同，节点比例有所差异），否则对单个节点上区块中记录的修改是无效的。因此，区块链的数据的稳定性和可靠性极高。

## （四）匿名性

在区块链系统中，虽然所有数据记录和更新操作过程都是对全网节点公开的，但其交易者的私有信息仍是通过哈希加密处理的，即数据交换和交易都是在匿名的情况下进行的。由于节点之间的数据交换遵循固定的算法，因而其数据的交换无须双方存在相互信任的前提，可以基于双方地址而非身份进行，交易双方无须通过公开身份的方式让对方产生信任。

# 三、区块链技术在智慧旅游中的应用

随着区块链技术的发展，越来越多的机构开始重视并参与到区块链技术应用的探索中来，区块链的研究生态也从最初的比特币及以太坊等公有链项目的开源社区发展到各类型的区块链创业公司、金融机构、科技企业、产业联盟、学术机构等。如今，国内外已在加密数字货币、智能合约、证券及资产管理、公证防伪、知识版权保护、医疗记录、产品供应链溯源、星际文件系统等多个应用领域使用区块链技术。

基于区块链产生的新技术、新思维应当着眼于提升旅游服务体验，开发旅游新产品，维护旅游过程中涉及的各方利益，最终实现"旅游＋区块链"融合发展，实现区块链技术在智慧旅游中的应用。

## （一）数字身份管理

区块链具有身份认证功能，其可追溯性、透明性、不可篡改性保证了区块链中所有人身份、信息的真实性，可用于旅游中数字身份的管理。区块链系统中每个人的身份都真实可靠，游客在旅行途中无须重复认证身份，机票订购、住宿等环节管理机构也无须反复核实游客信息，这为游客和管理人员节省了时间。

## （二）诚信服务

以往各酒店、旅行社等为争夺游客，在网络平台上对本店服务做虚假评价，使游客无法获得真实的信息。防止信息造假、防止信息泄露与防止信息不对称是区块链技术的长项，区块链平台利用区块链信息不可篡改、公开透明的属性和智能合约的支持建立全新的诚信机制，一旦出现虚假信息，就可追溯存证，任何不良行为都会被区块链记录，从而迫使旅游服务提供商诚信服务。旅游服务提供商将可以直接对接游客，游客可以通过以区块链技术为基础的旅游平台在线查询景区、订购门票等，通过区块链去中心化及信息不可篡改、公开透明的特点保证区块链平台中的景区、门票信息的真实可靠性。同时，旅游服务提供商可以通过使用区块链智能合约，灵活、安全、高效、零费用地实现跨境支付。

（三）数字藏品

数字藏品是使用区块链技术进行唯一标识的经数字化的特定作品。"数字藏品"形式可以是区块链上的照片、声音、文字、视频、3D 建模等，具有唯一性、不可分割性和稀有性，再通俗一点就是，每一件物品都有一个独一无二、不可篡改的身份证号。

在"元宇宙"爆发的风口，景区、博物馆、企业、艺术家个人发售数字藏品已屡见不鲜。景区开发数字藏品，为景区文创产品提供了一种新的思路和可能性，不仅能够为景区品牌营销提供新的触点，更能突破时间、空间的限制，向更多线上消费者推介景区文化，形成一种全新的数字消费模式。当数字藏品和文旅融合后，一张图片、一首歌、一个吉祥物，甚至是一个头像都能成为承载美好回忆的重要载体，消费者也可以购买数字藏品装饰自己的虚拟空间。黄山风景区、成都金沙遗址博物馆、上海博物馆、大唐不夜城等都已经在"数字藏品"的开发方面走在了行业的前列。

# 第五节 人工智能技术

## 一、人工智能的概念

20世纪50年代，英国数学家、逻辑学家图灵（Alan Mathison Turing）发表了一篇划时代的论文《计算机器与智能》，在文中图灵提出了人工智能领域著名的图灵测试——如果计算机能在5分钟内回答由人类测试者提出的一系列问题，且其超过30%的回答让测试者误认为是人类所答，则计算机就通过测试并可下结论为机器具有智能。

图灵测试回答了什么样的机器具有智能，奠定了人工智能的理论基础。1956年夏季，麦卡锡（John McCarthy）在美国达特茅斯学院的研讨会上首次提出"人工智能"这个概念，并将人工智能定义为创造具有智慧的机器的科学和工程，这标志着人工智能学科的建立。自此之后，人们在机器学习、定理证明、模式识别、问题求解、专家系统、人工智能语言等方面进行了深入研究，并取得很多引人注目的成果。特别是2016年3月，谷歌公司的AlphaGo以4：1战胜韩国围棋手李世乭后，掀起了人工智能科学技术理论和技术发展的高潮。目前，人工智能理论和技术日益成熟，应用领域不断扩大，已经被广泛应用于制造、家居、金融、交通、安防、医疗、物流、零售等各个领域，对人类社会的生产和生活产生了深远的影响。

人工智能是研究、开发用于模拟、延伸和扩展人的智能的理论、方法、技术及应用系统的一门新的技术科学，是计算机科学的一个分支，它探索人类智能的本质，并生产出一种新的能以与人类智能相似的方式做出反应的智能机器。

从不同角度来看，人工智能有多种不同的解释。从人工智能所实现的功能来定义，人工智能是智能机器所执行的通常与人类智能有关的功能，如判断、推理、证明、识别学习和问题求解等思维活动。从实用观点来看，人工智能是一门知识工程学，以知识为对象，研究知识的获取、知识的表示方法和知识的使用。从能力的角度看，人工智能是指用人工的方法在机器（计算机）上实现的智能。从学科的角度看，人工智能是一门研究如何构造智能机器或智能系统，使它能模拟、延伸和扩展人类智能的学科。所有解释均反映了人工智能的基本思想和基本内容：像人一样思考的系统，具有理智思维的系统；像人一样行动的系统，具有理智行为的系统。

比较简单的解释是，人工智能的一个主要目标是使机器能够承担一些通常需要人类智能才能完成的"复杂工作"。从 20 世纪 50 年代 AI 诞生至今，不同的时代、不同的人对这种"复杂工作"的理解是不同的。今天的携程、去哪儿、穷游、马蜂窝等在线旅游相关公司提供的是"信息工具"，即通过互联网为用户聚合了大量旅游信息，使用户可以通过网络进行查询、比价、预订等。去哪儿曾经推出了一款大数据预测类机票产品——智惠飞，这款产品采用了与 AlphaGo 类似的人工智能技术，可以预测航班未来可能出现的低价。

# 二、人工智能核心技术

人工智能技术研究如何让计算机去完成以往需要人的智力才能胜任的工作，也就是研究如何应用计算机来模拟人类某些智能行为的基本理论、方法和技术，涵盖语言的学习与处理、知识表现、智能搜索、专家系统、机器学习、模式识别、逻辑程序设计、软计算、人工神经网络、遗传算法等多个技术领域。

## （一）专家系统

专家系统是依靠人类专家已有的知识建立起来的知识系统，是一类具有专门领域内大量知识与经验的计算机智能程序系统。它采用人工智能中的推理技术，运用特定领域中专家提供的专门知识和经验来求解和模拟通常由专家才能解决的各种复杂问题，其水平可以达到甚至超过人类专家的水平。

专家系统的关键在于表达和运用专家知识。所谓专家知识，即来自人类专家的且已被证明能够解决某领域内的典型问题的有用的事实和过程。

不同领域与不同类型的专家系统，其体系结构和功能是有一定的差异的，但它们的组成基本一致。在通常情况下，专家系统由人机交互界面、知识库、推理机、知识获取机构、综合数据库、解释器等六个部分组成。

人机交互界面是系统与用户进行交流时的界面。通过该界面，用户输入基本信息，回答系统提出的相关问题。系统输出推理结果及相关的解释也是通过人机交互界面。

知识库是问题求解所需要的领域知识的集合，包括基本事实、规则和其他有关信息。知识的表示形式可以是多种多样的，包括框架、规则、语义网络等。知识库中的知识源于领域专家，是决定专家系统能力的关键，即知识库中知识的质量和数量决定着专家系统的质量水平。知识库是专家系统的核心组成部分。一般来说，专家系统中的知识库与专家系统程序是相互独立的，用户可以通过改变、完善知识库中的知识内容来提高专家系统的性能。

推理机是实施问题求解的核心执行机构，它实际上是对知识进行解释的程序，根据知识的语义，对按一定策略找到的知识进行解释执行，并把结果记录到动态库的适当空间中。推理机的程序与知识库的具体内容无关，即推理机和知识库是分离的，这是专家系统的重要特征。它的优点是对知识库的修改无须改动推理机，但是纯粹的形式推理会降低问题求解的效率。将推理机和知识库相结合也不失为一种可选方法。

知识获取机构负责建立、修改和扩充知识库，是专家系统中把问题求解的各种专门知识从人类专家的头脑中或其他知识源那里转换到知识库中的一个重要机构。知识获取可以通过人工进行，也可以采用半自动知识获取方法或自动知识获取方法。

综合数据库也称为动态库或工作存储器，是反映当前问题求解状态的集合，用于存放系统运行过程中所产生的所有信息，以及所需要的原始数据，包括用户输入的信息、推理的中间结果、推理过程的记录等。综合数据库中由各种事实、命题和关系组成的状态，既是推理机选用知识的依据，也是解释机制获得推理路径的来源。

解释器用于对求解过程做出说明，并回答用户的提问。两个最基本的问题是"Why"和"How"。解释机制涉及程序的透明性，它让用户理解程序正在做什么和为什么这样做，向用户提供了关于系统的一个认识窗口。在很多情况下，解释机制是非常重要的。为了回答"为什么"得到某个结论的询问，系统通常需要反向跟踪动态库中保存的推理路径，并把它翻译成用户能接受的自然语言。

与传统的计算机程序不同，专家系统强调的是知识而不是方法，以知识库和推理机为中心而展开，即专家系统＝知识库＋推理机。如果很多问题没有基于算法的解决方案，或算法方案太复杂，就可以利用人类专家拥有丰富的知识，模拟专家的思维来解决问题。

## （二）机器学习

人工智能从以"推理"为重点到以"知识"为重点，再到以"学习"为重点，有一条自然、清晰的脉络。学习是一个有特定目的的知识获取过程，它的内部主要表现为新知识不断构建和修改，外部表现为性能的改善。机器学习的过程从本质上讲，就是学习系统把导师（或专家）提供的信息转换成能被系统理解并应用的形式的过程。机器学习应用在数据分析领域就是数据挖掘，比如识别垃圾邮件、购物网站的推荐系统等；机器学习应用在图像处理领域就是机器视觉，比如汽车自动驾驶、人脸识别等。

基于数据的机器学习研究从观测数据（样本）出发寻找规律，利用这些规律对未来数据或无法观测的数据进行预测。机器学习使用计算机模拟或实现人类的学习活动，是使机器具有智能的根本途径。机器学习系统通过获取知识、积累经验、发现规律，实现自我完善、自适应环境。

机器学习可以细化为五个基本流程：

第一，搜集数据：收集训练模型所需要的数据，尽可能多地收集相关的数据。

第二，准备和清理数据：保证所收集数据的质量，处理一些数据的问题，如缺失值和极端值。

第三，训练模型：选择适当的算法来构建模型，将数据分为训练集、交叉集和测试集。

第四，评估模型：利用交叉集来评估模型的质量，利用测试集来评估模型的通用性。

第五，优化模型性能。

其中，模型的训练、评估和优化对找出一个好的模型来说是十分必要的，机器学习在数据的基础上，通过算法构建出模型并对模型进行评估。如果评估的性能达到要求，就用该模型来测试其他数据；如果达不到要求，就调整算法来重新建立模型，再次进行评估。如此循环往复，最终获得满意的模型来处理其他数据。

机器学习根据学习方式的不同，可分为监督学习、无监督学习、半监督学习、强化学习等。

监督学习是目前机器学习中最重要的学习方法，大部分机器学习算法都属于监督学习。监督学习就是在有监督者的情况下学习训练一个机器学习模型，其中监督者可以看到作用于学习的数据集中样本的标签，这个标签可以表示该样本所属的类别。也就是说，用于监督学习训练的数据集中的样本是已知其所属的类别的，每个样本不仅需要有自己的特征向量，还需要有对应的类别标签。学习的目标就是要训练一个机器学习模型，这个模型能够在特征向量与类别标签之间建立一个准确的映射关系，使该模型对后续任何一个有效的样本的特征向量能够准确给出该样本对应的类别标签，判断该样本所属的类别。

无监督学习是与监督学习相对的概念，是在没有监督者的情况下学习训练一个机器学习模型。也就是说，用于无监督学习的数据集只需要给出每个样本的特征向量即可，不需要人为地给每个样本进行标签的标定。机器学习模型在学习这些没有标签的数据过程中能够通过归纳总结、自我判断来完成模型的训练。

半监督学习是介于监督学习与无监督学习之间的一种学习方式。用于半监督学习的数据集有部分样本是有标签的，有部分样本则是没有标签的。首先，针对有标签的样本可以通过监督学习的方式训练一个模型，而剩下没有标签的样本也不是毫无用处，虽然这部分样本没有标签信息，但是它们与有标签的数据呈现同样的特征分布，这些特征分布信息对提升监督学习训练的模型性能有着很大的作用。

在现实生活中，我们往往能很容易地获取到大量数据，而这些数据大部分是没有标签的数据，针对一个大数据集的样本进行人工标签标注是一项非常耗时的工作，因此半监督学习在解决现实问题上具有很大的作用。

与上述三种学习方式显著不同的是，强化学习需要解决的问题是在特定环境下找到一个最优策略，从而使机器在不同的状态下能够做出最合适的动作。其通过设定一种奖惩机制，用于引导机器学习模型的训练过程。简单来说，强化学习是在训练的过程中通过不断尝试，发现错了就惩罚，比如扣分；发现对了就奖励，就加分，其学习目标就是将累计奖励最大化。因此，强化学习可以利用奖惩机制的反馈来训练得到一个优秀的机器学习模型。

现在非常热门的深度学习是机器学习的子类，它将大数据和无监督学习算法的分析相结合，它的应用通常围绕着庞大的未标记数据集展开。深度学习是利用深度神经网络来解决特征表达的一种学习过程。深度神经网络本身并非一个全新的概念，可理解为包含多个隐含层的神经网络结构。为了提高深层神经网络的训练效果，人们对神经元的连接方法和激活函数等方面做出了调整。深度学习的目的在于建立、模拟人脑进行分析学习的神经网络，模仿人脑的机制来解释数据，如文本、图像、声音等。

### （三）模式识别

模式识别是指对表征事物或现象的各种形式的（数值的、文字的和逻辑关系的）信息进行处理和分析，以对事物或现象进行描述、辨认、分类和解释的过程，是信息科学和人工智能的重要组成部分。

首先，使用各种传感器把客观对象的各种物理变量转换为计算机可以接受的数字或符号集合，采集客观对象的信息特征，如指纹、人脸、语音等生物信息。依照采集生物信息特征源的不同，模式识别传感器有指纹采集器、人脸采集摄像头、语音采集麦克风等。其次，对传感器采集信息进行消除噪声、排除不相干的信号以及与对象的性质和采用的识别方法密切相关的特征的计算以及必要的变换等操作处理，抽取出对识别有效的信息，实现特征数据的数值表示。最后，根据建立的模式识别模板，进行模式识别比对，即把模式识别特征采样的样板与模板相比较，并输出识别的结果。

按模式识别信息的采集方式，可以把模式识别分为两类：

第一，直接采集生物信息特征的模式识别。直接采集生物信息特征的模式识别，包括指纹、人脸、语音的生物信息特征模式识别。此类模式识别，只需要使用普通传感器就可以进行。

第二，间接采集生物信息特征的模式识别。间接采集生物信息特征的模式识别，包括 DNA（脱氧核糖核酸）图谱识别。此类模式识别，需要使用特别传感器，甚至还需要化验技术才可以进行。

### （四）人工神经网络

人工神经网络是一种基于人脑与神经系统的研究启发，所开发的信息处理技术具有人脑功能的基本特性：学习、记忆和归纳。人脑的学习系统是由相互连接的神经元组成的异常复杂的网络，人工神经网络大体相似，也是由一系列简单的单元相互密集连接构成的。大脑中的单个神经元就是一个极其复杂的机器，即使在今天，我们也还不能完全理解它。而神经网络中的一个"神经元"只是一个极其简单的数学函数，它只能获取生物神经元复杂性中极小的一部分。

神经网络是基于生物大脑和神经系统中的神经连接结构的一系列机器学习算法的总和，在具体使用中通过反复调节神经网络中相互连接点之间的参数值来获得针对不同学习任务的最优和近似最优反馈值。整个神经网络包含一系列基本的神经元，通过权重相互连接的节点层组成，单个节点被称为感知器。在多层感知器中，感知器按层级排布，层与层之间互相连接。多层感知器中有三种类型的层，即输入层、隐藏层和输出层。输入层接收输入。而输出层是神经网络的决策层，可以包含一个分类列表或那些输入模式可以映射的输出信号。隐藏层提取输入数据中的显著特征，调整那些输入的权重，直到将神经网络的预测误差降至最小。隐藏层一般为1～2层，而深度神经网络具有大量隐藏层，有能力从数据中提取更加深层的特征。多层深度学习算法直接影响了神经网络的学习效率，好的学习算法可以有效降低神经网络的传递误差，加速收敛。

人工神经网络以建立数值结构（含加权值的网络）来学习，通过"学习循环"，持续修正类神经网络神经元权重，使得输出值越来越接近真值。

人工神经网络所具有的学习能力，使它可以不依赖"专家"的头脑而自动从已有实验数据中总结规律。因此，人工神经网络擅长处理复杂多维的非线性问题，不仅可以解决定性问题，也可解决定量问题，同时还具有大规模并行处理和分布的信息存储能力，具有良好的自适应、自组织性以及较好的可靠性。

# 三、人工智能技术在智慧旅游中的应用

从信息化到智能化、用机器替代人工，这是任何行业的必然发展趋势，人工智能技术在智慧旅游体系中有着广阔的应用前景。游客在使用手机预订或者做旅游度假计划时，会使用地图导航以及搜索餐厅、目的地活动和酒店等。旅游企业和品牌广告商在合适的时机，向游客展示与其搜索内容相关的个性化广告，以及运用动态展示广告和创意优化更好地提升广告效果。例如，携程已经在呼叫中心逐步应用人工智能技术，利用机器与客人沟通交流，帮助客人解决问题。又如，新新人类（北京）科技有限公司推出了五款酒店专用机器人——大堂迎宾机器人、酒店前台自助机器人、楼层运送物品机器人、客房交互机器人、大堂问询及翻译机器人，为酒店行业解决招人难、用人难、人工成本高的问题。

具体而言，人工智能技术在智慧旅游中的应用表现在以下几个方面：

## （一）旅游信息的收集、搜索及推送

旅游企业可以利用人工智能中的模式识别和自然语言处理技术收集旅游活动过程中的各种事物信息及图片、语言信息；然后利用智能推理中的搜索及计算机视觉功能对信息进行对比分析；最后通过数据挖掘和智能控制等手段将旅游信息准确传送给游客，以便游客制定个性化的旅游行程。换句话讲，就是可以利用人工智能技术，对旅游目的地基本信息、游客目的地评价信息、游客个性化行程安排信息和游客旅途中交通服务信息等进行全面收集，然后对这些信息进行排名，在通过大数据分析掌握游客个性需求的基础上，根据游客具体情况，综合考虑基础的机票、酒店信息及推荐原则，城市顺序及天数安排，景点及顺序，多种类型交通，商品方案组合等，在多个百万级别的分类数据里以毫秒级短时间向游客推荐最优方案。

另外，相关企业也可通过人工智能技术，向游客推送与游客所在地和其搜索活动相关度极高的广告服务信息，实现旅游的精准营销。

## （二）旅游线路规划的智能化

在现实旅游活动中，人们经常借助电子地图服务中的线路搜索功能，通过输入始发点和终点的方式来获得交通建议。但由于多种商品信息，例如机票、酒店、签证、保险、租车等，以及目的地相关信息，例如交通、餐厅、景点、汇率等，存在天然的信息不对称。游客期待能有一站式解决方案，包括从上飞机出发到下飞机返回全过程，但如何选择最优方案变得较为棘手。现在随着人工智能技术的发展，旅游线路规划可以通过"穷游行程助手"等App自动生成。

## （三）旅游解说系统的智能化

随着自然语言处理、模式识别等技术的不断发展，计算机可以更好地在知识层面理解信息，从而为游客提供基于知识的全面服务，其中其对旅游解说系统的促进作用最为明显。

以自然语言处理和语音处理为基础的在线翻译、拍照翻译、语音翻译、增强现实翻译等多功能翻译软件，特别是移动语音翻译软件为大众出境旅游提供更多便利。例如，在旅游过程中，游客打开手机，将摄像头对准那些不认识的外文路标、广告牌、指示语、菜单等实物时，有道翻译官等几乎在同一时间，就可完成主动识别文字并进行翻译，再利用增强现实技术将翻译出来的内容完全覆盖在原有文字上，其他场景则不会发生任何变化。

自助导览系统会替代导游引导及讲解工作。自助导览系统会帮助游客选择当地人喜爱的餐馆、当地演出活动、商店营业时间、交通等诸多信息，通过计算机视觉和增强现实技术准确无误地进行导航和互动。

## （四）酒店服务方式的变革

目前，许多酒店集团引入了酒店机器人。从客人进入酒店大堂开始，迎宾机器人可以向客人推销会员卡、识别会员身份、接受客人问询等。前台自助机器人，能够知道客人的身份并为客人提供自助办理入住、自助选房、移动支付、交付房卡等服务。客房机器人可以知道各房间客人的姓名、性别，主动向客人介绍酒店的优惠信息、酒店文化、客房功能等，并提供播放音乐、讲故事、播放新闻、叫早、电器灯光语音控制等服务。送物品的机器人会根据指令，自行乘坐电梯到达指定楼层、找到指定房间，并向客房内的机器人发送信息，客房机器人提醒客人开门取物。

## （五）游客数量预测，提高景区管理质量

预测是人工智能技术最重要的功能之一。目前，人工智能技术完全可以满足旅游景区预测游客数量的需求，可以使用的人工智能方法包括粗糙集方法、遗传算法等。通过这些方法结合计算机视角、模式识别等技术的自动监控系统可以智能分析区域范围内的游客数量、游客密度、游客空间分布特征以及景区饱和情况等，并做出合理预测，进而旅游景区可以根据实际情况和模型预测做出合理的管理决策，提高景区管理质量。

# 第六节　云计算技术

## 一、云计算的概念

美国国家标准与技术研究院认为，云计算是一种按使用量付费的模式，这种模式提供可用的、便捷的、按需的网络访问，进入可配置的计算资源共享池（资源包括网络、服务器、存储、应用软件、服务），这些资源能够被快速提供，只需投入很少的管理工作，或与服务供应商进行很少的交互。

从狭义上讲，云计算就是一种能提供各种资源的网络。使用者可以根据自己的需求随时获取云上的资源，同时云上的资源是可以无限扩展的，只要使用者按照自己的需求量付费就可以。

从广义上讲，云计算是与信息技术、软件、互联网相关的一种服务。计算资源共享池叫作"云"。云计算把许多计算资源集合起来，通过软件实现自动化管理，只需要很少的人参与，就能让资源被快速提供。也就是说，计算能力作为一种商品，可以在互联网上流通，就像水、电、煤气一样，可以方便地取用，且价格较为低廉。

## 二、云计算的部署方式

根据服务的用户对象不同，云计算的部署方式通常可以分为四种：公有云、私有云、混合云和社区云。

### （一）公有云

公有云是第三方提供商通过 Internet 提供的对公众开放的云计算服务，面向的是希望使用或购买的任何人。第三方提供商为用户提供物理基础设施、软件运行环境、应用程序等 IT（信息技术）资源的部署和运维，用户在使用时只需支付合理的费用就可享受这些计算资源的访问服务。

公有云用户所使用的应用程序和相关数据都保存在公有云平台上，用户无须支付硬件带宽费用，投入成本低，但数据安全性低于私有云。

## （二）私有云

私有云是组织机构或企业自己采购基础设施，搭建云平台，在此之上开发应用的云服务。私有云的云端资源只给固定的机构或企业内部的用户使用。私有云适用于有众多分支机构的大型企业或政府部门。私有云部署在企业内部网络中，可以保证企业内部的数据安全性，但是较公有云来说，投入成本相对更高。

## （三）混合云

混合云一般由私有云及外部提供商构建，而管理和运维职责由用户和云计算提供商共同分担。其在使用私有云作为基础的同时结合了公有云的服务策略，用户可根据业务私密性程度的不同，自主地在公有云和私有云之间进行切换。比如，机构可以在公有云上运行非核心的应用程序，而在私有云上运行其核心程序及内部敏感数据。

混合云是目前使用最为广泛的云计算部署方式。当私有云资源短暂性需求过大（称为云爆发）时，用户就会选择租赁公有云资源来抑制私有云资源的需求峰值。比如，在节假日期间点击量巨大，网店这时就会临时使用公有云资源进行应急。

## （四）社区云

云端资源专门给固定的几个单位内的用户使用，而这些单位对云端具有相同的诉求（安全要求、合规性要求等）。云端的所有权、日常管理的操作的主体可能是本社区内的一个或多个单位，也可能是社区外的第三方机构，还可能是二者的联合。云端可能部署在本地，也可能部署在异地。

## 三、云计算的特点

### （一）虚拟化

云计算支持用户在任意位置使用各种终端来获取应用服务。用户所请求的资源来自"云"，应用运行在"云"端。云计算的资源都是虚拟的资源，用户在使用时不需关心这些资源的具体物理位置，只需按自己的需求，通过互联网使用就可以了，这就减少了用户对软硬件的投入成本。

### （二）高可靠性和稳定性

云计算平台把用户的应用和计算分布在不同的物理服务器上，使用了多副本自动复制技术、计算节点同构可互换技术等来保障服务的高可靠性。即使单个节点出现故障，云计算也会自动重新部署计算任务，保持节点间的动态平衡。比如，单个节点数据丢失，其他节点有备份数据，不影响后续的计算任务，从而保证了云服务的稳定性，这样就可以减少运维成本。

### （三）高扩展性

云计算可以提供弹性可扩展的资源。用户可以在任何时间购买任意数量的资源。资源可以是存储资源、计算资源、服务器资源和网络资源等。如果用户所需的资源无法得到满足，则可通过动态扩展资源节点增加资源以满足自己的需求。当用户资源冗余时，用户可以删除、修改资源节点。用户在一开始购买的时候就可以先购买一部分资源，在后续的事务处理中若需要，则可以再次购买资源。

## （四）分布式计算与存储

分布式计算是指把一个需要很强的计算能力才能解决的问题分成许多小的部分，然后把这些小的部分再分配给许多计算机进行处理，最后把这些计算结果综合起来，得到最终的结果。

分布式存储是指通过网络将数据分散地存储在多个数据存储服务器上，在众多的服务器上搭建一个分布式文件系统，再在分布式文件系统上实现相关数据的存储业务。

# 四、云计算的服务模式与服务供应商

## （一）云计算的服务模式

云计算的主要服务模式有基础设施即服务（infrastructure as a service, IaaS）、平台即服务（platform as a service, PaaS）、软件即服务（software as a service, SaaS）。

### 1.基础设施即服务

基础设施即服务是指把 IT 基础设施作为一种服务，通过网络对外提供，并根据用户对资源的实际使用量或占用量进行计费的一种服务模式。基础设施包括操作系统、虚拟机、网络、服务器、软硬件等。

在这种服务模式中，用户通过 Internet，从 IaaS 服务提供商处租用各种计算机基础设施服务。

IaaS 把厂商的由多台服务器组成的"云端"基础设施，作为计量服务提供给用户。它将内存、I/O 设备、存储和计算能力整合成一个虚拟的资源池，为整个业界提供所需要的存储资源和虚拟化服务器等服务。这是一种托管型服务模式，用户付费使用厂商的硬件设施。

IaaS 的优点是用户只需低成本硬件，按需租用相应计算能力和存储能力，大大降低了用户在硬件上的开销。Amazon Web Services（AWS）、IBM 的 Blue Cloud 等均是把基础设施作为服务出租的。

### 2.平台即服务

PaaS 服务提供商提供开发环境、服务器平台、硬件资源等服务给用户，用户在其平台基础上定制开发自己的应用程序并通过其服务器和互联网传递给其他用户。PaaS 能够给企业或个人提供研发的中间件平台，提供应用程序开发、数据库、应用服务器、试验、托管及应用服务，如云数据库、Docker 容器、DevOps 持续集成环境等。

### 3.软件即服务

SaaS 服务提供商将应用软件统一部署在自己的服务器上，用户根据需求，通过互联网向厂商订购应用软件服务，服务提供商根据用户所定软件的数量、时间的长短等因素收费，并且通过浏览器向用户提供软件的模式。

这种服务模式的优势是，由服务提供商维护和管理软件、提供软件运行的硬件设施，用户只需拥有能够接入互联网的终端，即可随时随地使用软件。

在这种模式下，用户不再像传统模式那样花费大量资金在硬件、软件、维护人员上，只需要支出一定的租赁服务费用，通过互联网就可以享受到相应的硬件、软件和维护服务。这是网络应用最具效益的服务模式，如邮箱、网站、社交软件等基本都采用这种模式。

## （二）云计算服务提供商

截至目前,绝大多数的云计算服务提供商提供 IaaS 和 PaaS 类型的云服务,而 SaaS 类云应用不多。下面简单介绍一些典型的云计算服务提供商。

### 1.亚马逊

亚马逊是世界上云计算市场份额中占据最大的云计算服务提供商之一。该公司提供的云计算服务产品线涵盖 IT 系统架构的各个层次,如虚拟桌面等。该公司的核心云服务产品是主机（EC2）和存储。

2.微软

微软云中涉及的产品包括 Windows 操作系统、SQL Server 数据库、移动应用、Web 应用等。

3.阿里云

阿里云拥有虚拟主机、存储和虚拟网络等核心产品，但是相比国外的云服务公司，其产品线有待进一步完善。不过，阿里云的出口带宽和稳定性在国内的云服务公司中还是相当不错的。

4.华为云

华为云专注于云计算中公有云领域的技术研究与生态拓展，致力于为用户提供一站式的云计算基础设施服务，是目前国内大型的公有云服务与解决方案提供商之一。

华为云立足于互联网领域，面向互联网增值服务运营商、大中小型企业、政府机构、科研院所等广大企业、事业单位的用户，提供包括"云主机、云托管、云存储"等基础云服务，"DDoS 防护 AAD、数据库安全、数据加密、Web 防火墙"等安全服务，"域名注册、云速建站、混合云灾备、智慧园区"等解决方案。

5.腾讯云

腾讯云基于 OpenStack 搭建，业务主要包括云计算基础服务、存储与网络、安全、数据库服务、人工智能、行业解决方案等。腾讯云在社交、游戏两大领域构建了庞大的客户群和生态系统，腾讯旗下的部分游戏也率先迁移至云平台运行。

6.京东智联云

京东智联云是京东集团旗下的云计算综合服务提供商。2016 年 4 月，京东智联云上线了两大产品，包括基础云和数据云，并提供四大解决方案——电商云、产业云、物流云、智能云，将计算/存储能力、电商/物流平台构建能力、大数据管理挖掘能力等在内的资源完全对外开放。目前，京东智联云提供的主要产品和服务有弹性计算、网络、云数据库与缓存、存储等云计算基础服务，其中，安全方面有安全服务、数据安全、网络安全、应用安全、系统安全、安全管理等服务，还提供大数据、人工智能、物联网等战略新兴技术方面的服务和应用。

# 五、云计算关键技术介绍

云计算能够为用户提供更好的服务，需要各种关键技术（虚拟化技术、分布式存储技术、数据管理技术、并行编程/并行计算技术、云平台管理技术等）的支撑。在了解云计算的关键技术之前，需要了解云计算的技术体系。

## （一）云计算的技术体系

云计算的技术体系由五部分组成，分别为用户访问层、应用层、平台层、资源层和管理层。云计算的本质是通过网络提供服务，体系结构以服务为核心。云计算的技术体系如图4-2所示。

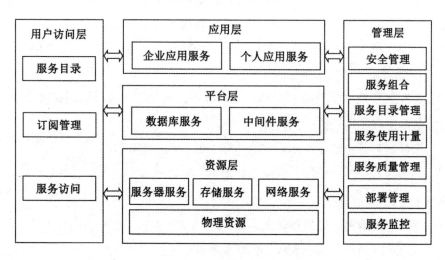

图4-2 云计算的技术体系

1.用户访问层

用户访问层是方便用户使用云计算服务所需的各种支撑服务，针对每个层次的云计算服务都需要提供相应的访问接口。

服务目录是一个服务列表，用户可以从中选择需要使用的云计算服务。

订阅管理是提供给用户的管理功能，用户可以查阅自己订阅的服务，或者终止订阅的服务。

服务访问是针对每种层次的云计算服务提供的访问接口。针对资源层的访问可能是远程桌面。针对应用层的访问，提供的接口可能是 Web。

2.应用层

应用层为用户提供软件服务。

企业应用服务是指面向企业的服务，如财务管理、客户关系管理、商业智能等。

个人应用服务是指面向个人用户的服务，如电子邮件、文本处理、个人信息存储等。

3.平台层

平台层为用户提供对资源层服务的封装，使用户可以构建自己的应用。

数据库服务为用户提供可扩展的数据库处理的能力。

中间件服务为用户提供可扩展的消息中间件或事务处理中间件等服务。

4.资源层

资源层是指基础架构层面的云计算服务，这些服务可以提供虚拟化的资源，从而隐藏物理资源的复杂性。

服务器服务指的是操作系统的环境，如 Linux 集群等。

网络服务指的是提供的网络处理能力，如防火墙、VLAN（虚拟局域网）、负载等。

存储服务为用户提供存储能力。

物理资源指的是物理设备，如服务器等。

5.管理层

管理层是为所有层次云计算服务的结构。

安全管理提供对服务的授权控制，如用户认证、审计、一致性检查等。

服务组合提供对自有云计算服务进行组合的功能，使新的服务可以基于已有服务创建时间。

服务目录管理提供服务目录和服务本身的管理功能，管理员可以增加新的服务，或者从服务目录中除去某项服务。

服务使用计量对用户的使用情况进行统计，并作为对用户进行计费的依据。

服务质量管理对服务的性能、可靠性、可扩展性进行管理。

部署管理提供对服务实例的自动化部署和配置，当用户通过订阅管理增加新的服务订阅后，部署管理模块自动为用户准备服务实例。

服务监控提供对服务的健康状态的记录。

## （二）虚拟化技术

虚拟化就是把物理资源转变为逻辑上可以管理的资源，以打破物理结构之间的壁垒，使用户更方便地使用这些资源。虚拟化技术使所有的资源都透明地运行在各种各样的物理平台上，资源的管理都将按逻辑方式进行，完全实现资源的自动化分配。虚拟化技术的绝妙之处在于，终端用户在信息化应用中，感觉不到物理设备的差异、物理距离的远近以及物理数量的多少，按照自己正常习惯操作，进行需要的信息资源调用和交互。虚拟化技术按应用领域，可以分为 CPU（中央处理器）虚拟化、存储虚拟化、网络虚拟化、服务器虚拟化、桌面虚拟化和文件虚拟化。

1.CPU 虚拟化

CPU 虚拟化技术就是单个 CPU 模拟多个 CPU 并行，允许一个平台同时运行多个操作系统，并且应用程序都可以在相互独立的空间内运行而互不影响，从而提高计算机的工作效率。

## 2.存储虚拟化

存储虚拟化是将一堆独立分布的硬盘虚拟地整合成一块硬盘。存储虚拟化的目的是方便管理和有效利用存储空间。从计算机角度来说，用户看到的不是多个硬盘，而是一个分区或者卷，好像是一个超大容量的硬盘。这种可以将多种、多个存储设备统一管理起来，为用户提供大容量、高数据传输性能的存储系统，称为虚拟存储。

## 3.网络虚拟化

网络虚拟化是指 VPN（虚拟专用网络）。VPN 对网络连接的概念进行了抽象，允许远程用户访问组织的内部网络，就像物理上连接到该网络一样。网络虚拟化可以帮助用户保护 IT 环境，防止来自 Internet 的威胁，同时使用户能够快速安全地访问应用程序和数据。网络虚拟化能将基于服务的传统客户端/服务器安置到"网络上"。

## 4.服务器虚拟化

服务器虚拟化是指通过运用虚拟化的技术将多台服务器整合到一台服务器中，运行多个虚拟环境，充分发挥服务器的硬件性能，最终节省物理空间，能够在确保企业节约成本的同时，提高运营效率。

## 5.桌面虚拟化

桌面虚拟化是在服务器上部署好桌面环境，传输到客户端电脑上，而客户端只采用客户机的应用模式，即只安装操作系统，接收服务器传输来的虚拟桌面，用户看到的就像本地真实环境一样，其实是对服务器上的桌面进行操作。

## 6.文件虚拟化

文件虚拟化是将分布在多台电脑的文件数据虚拟在一台电脑上的。以前找文件要去不同的机器上查找，而现在像在一台电脑上操作一样。

### （三）分布式存储技术

海量的数据如何有效存储，是每个架构师必须解决的问题。分布式存储技术就是为了解决这个问题而发展起来的技术。

分布式存储技术并不是将数据存储在某个或多个特定的节点上，而是通过网络将数据分散地存储在多个存储服务器上，充分利用每台存储服务器的空间。

海量的数据按照结构化程度来分，可以大致分为结构化数据、非结构化数据和半结构化数据。针对不同类型的数据，利用关系型数据库、分布式文件系统、NoSQL 数据库等，实现对结构化、非结构化和半结构化海量数据的存储。

#### 1.关系型数据库

关系型数据库针对的是存储在 Oracle 或 MySQL 中的结构化数据。当数据量大到单一节点的数据库无法支撑时，需要运用关系型数据库进行扩展，以达到存储海量数据的目的。

#### 2.分布式文件系统

相对于结构化数据而言，不方便用数据库二维逻辑表来表现的数据，称为非结构化数据，如办公文档、文本、图片、HTML、各类报表、图像和声频、视频等。

针对这类数据，需要使用分布式文件系统实现数据的存储。分布式文件系统是一个可扩展的系统，用于大型的分布式的对大量数据进行访问的应用。它运行于廉价的普通硬件上，并提供容错功能。它可以给大量用户提供总体性能较高的服务。

#### 3.NoSQL 数据库

有一类数据具有一定的结构性，但较之传统的结构化数据而言，其结构变化又不大，数据之间的关系和面向对象的模型更为灵活，此类数据叫半结构化数据。针对这类数据，需要使用 NoSQL 数据库进行存储。NoSQL 泛指非关系型的数据库。随着 Web2.0 网站的兴起，传统的关系型数据库在处理 Web2.0 网站，特别是超大规模和高并发的 SNS 类型的 Web2.0 纯动态网站时，出现了很多难以克服的问题，而非关系型的数据库由于其本身的特点而得到了非常迅速的发展。NoSQL 数据库的产生就是为了解决大规模数据集合多重数据种类带来的挑战，特别是大数据应用难题。常见的 NoSQL 非关系型数据库有 Redis、MongoDB 等。

## （四）数据管理技术

云计算需要对分布的、海量的数据进行处理、分析，因此数据管理技术必须能够高效地管理大量的数据。云计算系统中的数据管理技术主要是谷歌的 BT（BigTable）数据管理技术和 Hadoop 团队开发的开源数据管理模块 HBase。

### 1.BT

BT 分布式数据库是谷歌为其内部海量的结构化数据开发的数据管理技术。与传统的关系型数据库不同，它把所有数据都作为对象来处理，形成一个巨大的表格，用来分布存储大规模结构化数据。谷歌的很多项目都使用 BT 来存储数据，包括网页查询、Google Earth 和 Google 金融。这些应用程序对 BT 的要求各不相同：数据大小（从 URL 到网页到卫星图像）不同，反应速度不同（从后端的大批处理到实时数据服务）。对于不同的要求，BT 都成功地提供了灵活高效的服务。这种数据管理技术已经在超过 60 个谷歌的产品和项目上得到了应用。

### 2.HBase

HBase 是一个分布式的、面向列的开源数据库，该技术来源于一篇谷歌论文《BigTable：一个结构化数据的分布式存储系统》。就像 BigTable 利用了谷歌文件系统（File System）所提供的分布式数据存储一样，HBase 在 Hadoop 之上提供了类似于 BT 的能力。HBase 是 Apache 的 Hadoop 项目的子项目。HBase 不同于一般的关系型数据库，它是一个适用于非结构化数据存储的数据库。另一个不同的是，HBase 基于列，而不是基于行。

### （五）并行编程/并行计算技术

并行计算是指同时使用多种计算资源解决计算问题的过程，是提高计算机系统计算速度和处理能力的一种有效手段。它的基本原理是用多个处理器来协同求解同一问题，即将被求解的问题分解成若干个部分，各部分均由一个独立的处理机来并行计算。并行计算系统既可以是专门设计的、含有多个处理器的超级计算机，也可以是以某种方式互联的若干台独立计算机构成的集群。通过并行计算集群完成数据的处理，再将处理的结果返回给用户。

并行计算可分为时间上的并行和空间上的并行。时间上的并行是指流水线技术；空间上的并行是指多个处理机并发地执行计算，即通过网络将两个以上的处理机连接起来，达到同时计算同一个任务的不同部分，或者单个处理机无法解决的大型问题。

并行计算具备如下特征：

第一，将工作分离成离散部分，有助于同时解决。

第二，随时并及时地执行多个程序指令。

第三，多计算资源下解决问题的耗时要少于单个计算资源下的耗时。

### （六）云平台管理技术

云计算资源规模庞大，服务器数量众多并分布在不同的地点，同时运行着数百种应用，需要有效地管理这些服务器，以保证整个系统提供不间断的服务。

目前，使用广泛的云计算管理平台有 OpenStack、vCenter。

OpenStack 是一个开源的云计算管理平台项目，是一系列软件开源项目的组合。OpenStack 是由美国国家航空航天局和 Rackspace 合作研发，以 Apache 许可证（Apache 软件基金会发布的一个自由软件许可证）授权的开源代码项目。OpenStack 可以为私有云和公有云提供可扩展的弹性的云计算服务。项目目标是提供实施简单、可大规模扩展、丰富、标准统一的云计算管理平台。

vCenter 一般指 VMware vCenter™ Server，其提供了一个可伸缩、可扩展的平台，为虚拟化管理奠定了基础。VMware vCenter™ Server 可集中管理 VMware vSphere 环境，与其他管理平台相比，极大地提高了 IT 管理员对虚拟环境的控制。

云计算系统的平台管理技术能够使大量的服务器协同工作，方便地进行业务部署和开通，快速发现和恢复系统故障，通过自动化、智能化的手段，实现大规模系统的可靠运营。

# 六、云计算在智慧旅游中的应用

随着计算机网络的快速发展，智慧旅游成为旅游行业发展的一个主流趋势。云计算技术为智慧旅游建设提供了技术支持。

SaaS 平台可以为地方提供"全域地图＋公共服务"，为景区提供"智慧导览＋会员管理"，为商家提供"智慧门店＋新零售"，为游客提供"全域全景智慧导游"，整合并打通全域旅游商业消费数据及游客出行轨迹，按照服务升级、数据升级、营销升级三步走，全力推动各地全域旅游智慧服务发展。

借助云计算技术，旅游景区能够实现智能导游、电子讲解、实时信息推送，开发并建设咨询、导览、导游、导购、导航和分享评价等智能化旅游服务系统。

应用云计算技术可以打通目的地旅游供应链，重构周边游流量生态，链接旅游目的地"食、住、行、游、购、娱"商家，为景区、餐饮、酒店住宿等提供底层多个应用级系统解决方案。

# 第五章 数字经济时代
## 智慧旅游营销

## 第一节 智慧旅游背景下的
## 游客消费行为分析

近年来，随着移动互联网、物联网、大数据、云计算等技术在旅游行业的深入应用，新的旅游出行方式、体验方式和服务方式不断出现，这给传统的旅游业带来了革命性的改变，智慧旅游也随着时代的发展应运而生。游客是旅游营销活动的主要对象，一切营销活动的开展必须以游客为中心，才能避免盲目性。在数字经济时代，智慧旅游必然会对游客的消费行为产生巨大的影响。在旅游需求不断个性化的今天，只有了解智慧旅游对游客消费行为的影响，才能获得更显著的营销效果。

### 一、游客消费行为

旅游消费是指游客为满足旅游需求而获取的货物和服务总额。游客消费行为是游客在收集有关旅游产品的信息进行决策和在购买、消费、评估、处理旅游产品时的行为表现。

谷明从经济学的角度，结合游客心理、经济支持、社会体验等多角度构建了游客消费行为模型，研究我国游客消费模式与行为特征，发现游客消费遵循效用最大化消费模式。在文化维度上，旅游以审美和愉悦为指向目标的行为，表现为审美需要（包括审美态度、审美注意）、审美动机（包括审美期望）、审美体验（包括知觉、想象、理解、情感）以及审美思考。

梁春香运用心理学测量算法，提出对某旅游对象的旅游动机＝旅游对象的形象/对旅游对象所持的心理距离，并分析了影响旅游动机的两个重要参量：旅游对象形象的好坏取决于这一旅游对象所具有的特性在多大程度上满足游客的欲望和需求，以及受地理、政治、经济、宣传、旅游设施、社会治安等因素影响的心理距离。

郭亚军等根据中国人民大学的国民生活课题组进行的"旅游度假者动机测定表"得到三个结论：旅游地选择偏好来源于旅游动机的特征及其变化；对旅游大动机的分析应该集中在社会因子、放松因子、知识因子和技能因子四个方面以及相关的十四个小动机上；特定时间发生的旅游行为、旅游动机是恒定的，旅游偏好将影响游客的具体决策行为。

## 二、智慧旅游背景下的游客消费行为

在智慧旅游背景下，信息技术的支持给游客消费行为带来了新的变化，游客消费行为具体可归结为以下几点：

### （一）产生旅游需求

近年来，随着居民收入水平的提高、国家法定假日的增多、社会基础设施的完善，我国旅游市场呈现出迅猛发展的势头，游客追求多样化及个性化旅游产品的时代已经到来。旅游消费过程始于旅游需求的产生。旅游需求的产生往往是游客内部驱动和旅游企业或目的地营销机构等外部刺激共同作用的结果。在内部驱动方面，游客对旅游的需求通常是主动产生的，他们需要消除日常工作造成的紧张情绪、娱乐游玩、开阔视野、在游玩中增进与亲朋的感情。在智慧旅游背景下，外部刺激主要来自两个方面：一是旅游网站的营销刺激，二是社会参照群体的刺激。前者表现为由旅游供应商网站、旅游中间商网站、旅游目的地网站以及门户网站旅游频道等构成的旅游网络促销平台上发布的宣传文字、景点图片、折扣信息、视频短片等，后者表现为由博客、播客、社区和论坛等虚拟空间构成的旅游社会性网络上游客发布的文章、照片、视频和音频文件等。借助智能推荐技术、智能搜索技术等，这两类外部刺激会变得更有针对性、更有引领性。

### （二）搜集信息

在传统旅游模式中，游客搜集相关旅游产品信息的主要途径包括旅行社、亲戚朋友、相关旅游网站的介绍等。随着智慧旅游的发展，游客搜集相关旅游产品信息的途径得以丰富。在大数据背景下，可供游客搜集到的信息爆炸式增长，这为游客搜集旅游产品相关信息提供了极大的便利。

### （三）设计个性化的旅游产品

在现有旅游资源的基础上，智慧旅游的相关旅游信息形成旅游信息数据库，该数据库包括各种旅游信息的模块，诸如景点解说、购票实时信息、旅游设施的预订及使用情况等。游客可以在相关网络信息技术的支持下，通过手机等便携的网络终端设备，利用现有模块化的旅游信息，方便、快捷、随心所欲地规划和设计自己的旅游行程，为自己量身定制个性化的旅游产品。模块化的数据使不同游客需求的满足变得简单可行，为游客对产品的自主化设计提供了极大的发挥空间，游客可以定制适合自己需要的个性化旅游产品，智慧旅游的个性化服务得到充分展现。

## （四）做出购买决策

购买决策方面的问题除了是否出游、选择哪个旅游目的地、选择单项旅游产品还是组合旅游产品、选择哪些旅游服务供应商之外，还包括购买方式方面的决策问题，如线上预订还是线下预订、线上支付还是线下支付等。在智慧旅游背景下，游客在做出购买决策时，除了会考虑现实环境中自身经济状况、闲暇时间等因素，还会参考各种旅游新媒体中其他游客的旅游消费体验和服务质量评价。当然，游客自身对网络信息服务质量的感知效果是十分重要的影响因素。游客的购买决策对网络与新媒体产生了更多依赖感。

## （五）丰富旅游体验，调整行程

旅游是一种体验活动。游客需要的不是旅游产品本身，而是一种伴随旅游产品的消费所带来的独特经历或感受。智慧旅游为游客积极主动地参与旅游产品的设计提供了可能，使游客可以参与到旅游目的地当地居民的衣食起居活动，从而增加旅游体验的互动性。在智慧旅游中，游客可以通过互联网、手机等终端设备，结合智慧旅游提供的云计算等各种智能计算技术，随时感知与整合各类信息，根据需要可以随时调整行程，实现旅游智能化的决策、控制和个性化服务。

## （六）评价旅游和分享收获

在智慧旅游背景下，游客在旅游评价方面最大的变化是即时性。游客可以一边旅游一边通过微信、微博等网络渠道，对旅游进行评价，分享自己的心情与体会。这些反馈信息最终通过搜索引擎的映射链接，被其他游客搜索并作为其购买决策的指导。这种评价的即时性无疑给旅游企业、景区管理者带来了巨大挑战，要求其坚持以游客为导向，为每一名游客提供最好的服务。旅游企业、景区管理者必须高度重视这种分享的网络互动性，发挥电子口碑营销作用，树立良好的形象。

# 第二节　智慧旅游营销渠道创新

在数字经济时代，互联网的存在使信息的交换和处理变得高效和便捷，与传统营销渠道相比，智慧旅游营销更具优势。智慧旅游营销，是相对于传统意义上的目的地营销提出的，主要是指基于网络信息技术，将新媒体作为营销载体而开展的目的地营销活动。在旅游目的地的智慧营销中，游客既是信息的接受者，同时又是信息的生产者，单向交流变成互动性更强的双向沟通。从目前来看，智慧旅游营销渠道的创新主要包括以下几种：

## 一、虚拟旅游体验营销

依托于虚拟现实技术和信息技术发展起来的虚拟旅游，是旅游业的一次科技革命，具有超时空性、交互性、高技术性、经济性、多感受性等特征。虚拟旅游体验营销是现代旅游服务营销中的新手段，目前主要用于旅游景区、饭店、会展的营销中。20世纪90年代中后期，威廉姆斯（Williams）和霍布森（Hobson）首次指出虚拟现实技术必然对旅游业产生影响，旅游业将步入一个新的信息时代，这个信息旅游时代也可称为"虚拟旅游时代"。随着"虚拟旅游"的出现，"虚拟旅游体验"随之产生。虚拟旅游体验是指在虚拟现实系统中进行旅游体验的一种全新的体验模式。只需要通过计算机来创建一个逼真的可交互的虚拟旅游环境，就可轻松地实现旅游体验的大部分功能。在现实旅游景观的基础上，通过模拟现实景观，构建一个虚拟旅游环境，可以使游客如同亲临其境般进行虚拟旅游活动。就目前国内的发展状况而言，通过虚拟现实的多种可视化方式形成逼真的虚拟现实景区，让体验者获得感性、理性等全方位享受的应用还处于起步阶段。

通过虚拟旅游，游客不仅能游览景点，还能扮演角色，体验到现实中所没有的成就感。例如，2008年10月，北京故宫博物院与IBM公司合作推出了"穿越时空的紫禁城"的虚拟旅游项目。它为网络游客提供了超越时空的、实时在线的、互动的三维体验。项目的目标是以先进的科技、精彩的内容和具有创意的交互方式将中华文化的精华呈献给世界。游客在参观虚拟的紫禁城时，可以选择一种自己喜欢的身份进行游览，比如公主、将军、侍卫等，感受穿越时空的历史文化。游客每到一处，导游都会对重要的文物或建筑加以说明，游客还能查询文物的细部特征。

现代人由于各种各样的原因开始喜欢旅游生活。在现实体验的准备阶段，他们需要在假期临近时盘算着是跟团还是自助，以及旅途线路、景点的逗留时间、往返车票的预订、住宿安排等。当然，他们还要根据自己的经济实力初步决定这趟旅程的可行性。这个过程是不能缺少的，却又费时费力。而在虚拟体验中，这些过程可以全部被省略。游客打开电脑就可以到自己想要去的地方，这极大地提高了体验的效率和质量，省去了准备阶段的烦琐。在现实体验的实施阶段，游客可能需要忍受景区里的摩肩接踵，没完没了的排队，也没法抗拒天气突然的变化等临时因素的影响。而在虚拟体验阶段，游客完全不用担心这些，虚拟体验更强调视觉的参与和精神的旅行。

虚拟体验系统一般包括解说、场景、操作三大部分。游客借助系统的导航模块和电子导游系统，可以循着系统预先制定的线路漫游，也可以根据自己爱好自选线路观光，还可以随时停下去查阅更多的相关知识。他们不仅能通过显示器对旅游景观做外部的、静态的观察，而且能通过视觉、听觉、触觉、嗅觉，以及形体、手势或口令，参与到信息处理环境中，从而获得如实地旅游般的身临其境的体验。

虚拟旅游体验营销通过向游客提供虚拟旅游体验，能够提升景区的知名度，提高服务质量。

# 二、微营销

## （一）微博营销

微博营销是新兴起的一种网络营销方式，随着微博的火热而兴起。微博营销以微博作为营销平台，每个听众（粉丝）都是潜在营销对象，企业可以利用自己的微博向网友传播企业、产品的信息，树立良好的企业形象和产品形象。微博营销得到了旅游目的地的高度重视，并成为其网络营销的重要渠道之一。

微博营销和旅游目的地营销在受众基础、体验共性和信息需求这三个方面具有契合性。随着网络技术门槛的降低，网民以文字、图片、视频、音频等各种形式传递信息，通过标签、分类等方式创造虚拟社群环境，使具有相同爱好的人建立起某种经常性的联系。游客在购买旅游产品和服务前习惯于上网查看相关评论，在微博互动中获取旅游行为和旅游体验、心理偏好、观光度假决策、分销渠道选择、目的地选择等旅游信息。旅游就是一种体验的过程，微博与旅游体验的共性为它们的融合铺平了道路。微博能够满足游客的信息需求。微博形式精简，操作便捷，功能强大，特别适合在移动客户端使用，旅游"在路上"的状态十分契合。

微博营销具有参与互动性强、营销精准度高、效果实时反馈、营销成本低的特点，因此受到了旅游目的地的高度重视。目前，国内主要城市旅游局基本均开通了新浪微博等。江西旅游局主办的"'博'动江西·风景独好"大型旅游推广活动就是一个非常成功的微博营销案例。其邀请海内外微博达人组成江西旅游"博"士团，分三批探访赣东北、赣西、赣中南三条精品旅游线路。各微博达人深入各大旅游景区考察、采风，发现江西风景之美，挖掘江西旅游发展的巨大潜力和独特之美，并通过微博平台广泛传播，大力宣传和推广"江西风景独好"的品牌。这为江西旅游经济的发展及繁荣起到巨大的推动作用。

## （二）微信营销

伴随着微信的火热兴起，基于微信所提供的强大功能的微信营销也成为数字经济时代企业对营销模式的全新探索。微信营销主要利用手机、平板电脑中的移动 App 进行区域定位营销。下面以微信公众平台为例，分析智慧旅游的微信营销策略。

### 1.打造具有特色的旅游微信公众平台

微信公众平台是展示旅游业特色与形象的信息橱窗，可以发布涵盖所有旅游资源的信息。旅游行业通过微信公众平台将文字、图片、语音或视频组成的旅游信息发布在显眼、重要的位置，引导游客去查询关于旅游景点的资讯，并根据游客位置变化，介绍不同的旅游线路及特色景点。另外，旅游行业可以定时介绍不同旅游地的特点，尤其是特色景点、美食、博物馆、游乐园和酒吧等；同时推送出行注意、文化差异及消费须知等信息；也可展示其他游客对该景点的评价；还可以添加各种具有特色的内容服务，诸如开展有奖问答、积分奖励活动，激发游客的兴趣。

### 2.提高信息质量

智慧旅游微信营销在一定程度上依赖信息的推送，提高推送旅游信息的质量十分重要。

第一，细分游客市场。不同性别、年龄、职业的游客，其旅游需求、经济状况及心理活动等均不一样，这就要求旅游行业在进行微信营销时要注意细分受众，找准自己的目标市场。例如，学生人群时间充裕但资金不多，而上班族时间较少但资金较为充足，因而可针对其特点推送不同的旅游信息。

第二，减少同质内容。目前，微信营销的较大问题之一就是旅游信息内容同质化程度很高。同样的文章和图片多次出现，会引起游客的反感。因此，旅游行业要创新旅游信息，增加原创内容，提高信息的文化底蕴，在内容、文风及表达特点上寻求多样化，同时注意信息的可读性和趣味性，比如采用幽默的言语、丰富的表情符号及风趣的视频。

第三，注重时效性。旅游内容推送要注重时效性，及时反映旅游信息的变化，同时要反映游客的需求，贴近生活，增加时尚感和文化感。

### 3.增强互动性

旅游行业通过微信公众平台建立与游客沟通互动的关系纽带。旅游行业通过微信公众平台提出各种旅游话题与游客展开各个方面的讨论，在不断的相互交流中密切其与游客之间的关系；在沟通交流中及时洞察游客的渴望及潜在需求，并为满足其需求及时进行答复和迅速做出反应，建立游客消费特征数据库；认真回复游客或者潜在游客的提问和留言，及时消除不满意因素。

### （三）微视频营销

在我国，很多游客喜欢将自己旅游的过程用电子设备记录下来，通过抖音等视频软件将愉快的旅游体验分享给更多人。目前，很多旅游景区抓住游客这种爱好，通过邀请一些旅游爱好者前来旅游，借助他们拍摄的旅游视频来宣传自己的旅游产品，从而引起更多网友的关注，提高旅游产品的知名度。这种通过他人间接传播旅游信息的方式，能够增加旅游产品的可信度，吸引更多的人去旅游。

综上所述，智慧旅游营销渠道较多，旅游企事业单位应根据各自的实际情况采取合适的营销方式。

# 第三节　基于智慧旅游的
# 旅游目的地营销系统

基于智慧旅游的旅游目的地营销系统是以互联网为基础，以大数据、云计算技术为手段，利用网络营销技术进行旅游宣传和服务的一种旅游信息化综合应用系统，服务对象包括各级旅游管理部门、旅游企业、游客等。其主要目标是组合目的地区域的旅游资源和基础服务要素，塑造目的地旅游品牌形象，宣传营销目的地旅游产品，为游客提供有效的旅游信息，为旅游企业提供线上交易平台和权威信息发布平台，为组织管理者提供电子办公平台等。构建符合智慧旅游发展思想的旅游目的地营销系统，对整合区域内旅游产业，提高旅游目的地整体形象和竞争力将起到极大作用。

## 一、系统总体设计原则

### （一）综合性原则

旅游目的地营销系统的建设不仅仅是一个技术工程，更是一个系统工程，有着强烈的区域整合性。智慧化的旅游目的地营销系统构建应该跳出技术视角，将旅游目的地营销系统看成将目的地旅游资源、旅游信息、旅游活动参与者进行整合，以互联网为基础平台，结合数据库、多媒体技术和网络营销技术进行旅游宣传促销、信息服务和管理的综合性应用系统。

### （二）多功能原则

从系统的用户现实需求分析得知，游客希望旅游目的地营销系统提供全面便捷的信息服务；旅游企业希望旅游目的地营销系统提供交易场所、信息管理服务等以实现营销目的；目的地旅游管理部门希望旅游目的地营销系统成为信息发布、管理、交换通信平台。基于三大用户的现实需求，旅游目的地营销系统应该实现三大功能，即服务、营销、管理，分别对应游客、旅游企业、旅游管理部门。

# 二、系统"113N 闭环"总体构造

智慧旅游背景下旅游目的地营销系统总体构造从数据流向出发可以总结为"113N 闭环"，即一个大数据中心、一个网络通信层、三大智慧运用体系、N 渠道访问模式、一个数据流通闭环。该总体框架从整体上定义了旅游目的地营销系统的组成架构，明确划分了各层次的逻辑关系和职能。

## （一）一个大数据中心

旅游目的地营销系统是一个综合信息服务型平台，但由于旅游数据信息的分散性和庞大性，所以对数据的处理加工和储存交换成为系统的基础工程。大数据中心建设涵盖多项技术平台，如云计算平台、海量存储数据库、数据分析处理系统、数据交换共享系统，还有数据资源标准规范作为支撑。智慧化的旅游目的地营销系统的大数据中心将旅游大数据和传统数据相结合，梳理整合旅游资源信息、企业产品信息、游客信息、渠道信息、GIS 数据等旅游目的地相关信息和增值服务信息，为系统的上层应用提供综合旅游信息资源库。

## （二）一个网络通信层

网络通信层是负责前端设备和系统服务端的传输和通信的重要桥梁，主要技术包括物联网、移动互联网和融合通信技术。网络通信层是旅游目的地智慧旅游中的信息高速公路，是智慧旅游建设的重要基础设施。通信网络由大容量、高可靠性的光纤网络和无线覆盖宽带网络组成，充分利用三网融合为智慧旅游应用提供无所不在的网络服务。

## （三）三大智慧运用体系

### 1.智慧旅游服务体系

智慧旅游服务体系主要是针对游客的应用。游客通过智慧旅游服务体系，可以获取全面、准确、实时、个性化的旅游信息。通过位置服务技术，智慧旅游服务体系主动为游客提供精确有用的信息，提供导游、导览、导购、导航服务，改变传统旅游信息传播的被动和低效模式，为游客旅游的安全和质量提供保障。

### 2.智慧旅游管理体系

智慧旅游管理体系主要是针对旅游管理部门的应用。智慧旅游管理体系通过形成区域的信息资源共享和协作机制，为旅游管理部门提供实时游客动态信息和旅游企业经营信息，规避传统管理方式出现的信息滞后问题，实现对游客和企业的高效监督管理。通过智慧旅游管理体系，旅游管理部门可以及时了解客流量分布情况，做出相应的交通引导措施；收集游客的相关数据信息，为旅游企业决策和营销提供数据支撑；实时监控旅游安全，为旅游救援和及时调度提供保障；等等。

### 3.智慧旅游营销体系

智慧旅游营销体系主要是针对旅游企业的应用。智慧旅游营销体系通过对游客数据的积累分析，为旅游企业提供产品创新和营销手段变化的信息支持，促进产品创新和渠道拓展；同时为旅游企业提供电子商务平台，帮助旅游企业整合区域内旅游产品，整合旅游企业的营销渠道，提高旅游企业的营销成效；利用新媒体的传播特性，提供旅游社交平台，帮助旅游企业建立客户库，实现精准营销。

## （四）N 终端感知渠道

N 终端感知渠道分为数据采集端和用户使用端。

数据采集端作为旅游目的地营销系统的感知层，通过其环境感知能力和智能性，利用条码、RFID、二维码、智能终端、摄像头、传感器等实现对旅游信息数据的采集。

用户使用终端在成为信息接收端的同时也是数据生成采集端，为系统提供数据支撑。用户使用端是旅游目的地营销系统的应用体现层，系统为用户提供如智能手机、PC 等多渠道信息展示平台。

## （五）一个数据流通闭环

数据将以上系统结构层面串联起来，形成数据流通闭环模式。数据在旅游目的地营销系统中的不同层面有着不同的角色。数据通过采集、储存加工后成为有用信息，被系统用户所采用，在应用过程中，又会有新的数据产生，再通过采集渠道回到系统初始端来。数据流通闭环在旅游目的地营销系统的构建层面中推动数据在流动中创造价值，形成以数据为中心的"上游资源—中游技术—下游运用"的循环结构。

# 第六章　数字经济时代
# 智慧旅游的公共服务

## 第一节　智慧旅游公共服务理论基础

### 一、新公共服务理论

新公共服务理论是以美国登哈特（Robert B. Denhardt）为代表的公共管理学者基于对新公共管理理论批判和反思而提出来的一种行政理念，其包含七大原则：①服务而非掌舵；②公共利益是目标而非副产品；③战略地思考，民主地行动；④服务于公民而不是顾客；⑤责任并不是单一的；⑥重视人而不只是生产率；⑦超越企业家身份，重视公民权和公共事务。

信息技术革命对全球的深刻影响，政府所面临的行政环境愈加复杂，都对政府履行行政管理和提供公共服务职能的水平提出了更苛刻的要求。新公共服务理论的提出，提供了一种新的政府管理模式，对我国公共服务实践有着理论性的指导意义。新公共服务理论强调尊重公民权利，这是一种人本主义的服务理念，与科学发展观中"以人为本"的核心不谋而合。

以新公共服务理论来创新智慧旅游公共服务供给理念，有利于明确旅游管理部门的改革方向，提高智慧旅游公共服务供给模式的科学性，保障供给的有效性与完整性。

## 二、智慧旅游 CAA 框架理论

国内学者张凌云就如何明确智慧旅游建设的开发主体、应用主体及运营主体这一关键问题构建了 CAA 框架模型，如图 6-1 所示。

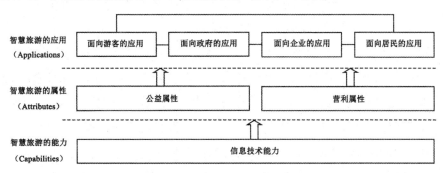

图 6-1　智慧旅游的 CAA 框架模型

张凌云认为，智慧旅游的应用应根据其属性来确定提供主体：公益性的应用由具有非营利性的政府或第三方组织提供，营利性的应用由市场决定服务提供商。两种属性的应用之间应具有某种程度的连通与兼容，以保证智慧旅游的信息完整性。另外，智慧旅游的应用须面向游客、政府、企业、居民，智慧旅游的能力层应至少包括物联网、移动通信、云计算、人工智能四大核心能力在内的多种信息技术能力。

智慧旅游 CAA 框架理论较为科学完整地阐述了智慧旅游主体应用、属性、能力三者的内涵以及它们之间的层次关系，为智慧旅游公共服务的供给模式以及公共服务平台的搭建提供了借鉴价值。

## 三、公共产品理论

公共产品具有"非竞争性"和"非排他性"的特征，使得公共产品成为所有人都可以公平获得，并且不受其他条件影响而公平享用的产品，这导致了搭便车现象的出现，从而导致公共产品具有低利率和回报周期长的特征。对于追求利益最大化的营利组织来说，公共产品投资领域成为其战略放弃区域。绝对意义上的公共产品一般都是利用公共财政进行投资建设的，长期以来，政府或者非营利组织主导的公共产品建设成为政府管理能力的衡量标准之一。

智慧旅游建设需要建造交通服务平台等，结合非竞争性和非排他性的定义，这些产品属于公共产品。对于建设者来说，前期投入量大，后期则面临着高昂的运营和维护成本，而建设成果可以覆盖到旅游业的所有参与主体。如果智慧旅游公共产品的建设按照私人产品的建设思路来开展，由于建设主体众多，各方利益难以协调，一旦出现利益分配不均的现象，就难免出现整个建设失败的后果，因此智慧旅游公共产品的建设任务自然落到了政府部门。当然，由政府全盘负责同样会带来发展缓慢、不能满足市场多样化需求的问题。分类别引入竞争机制，有利于转变政府职能、减轻财政负担，也有利于激发经济社会活力、提升公共服务品质。

# 第二节　智慧旅游公共服务提供

智慧旅游在某种意义上可以看作一种新的理念，目的是通过高科技手段实现旅游方式的变革，使最终消费者（游客）、中间消费者（政府和企业）获得最大的效用。同样，智慧旅游公共服务的目的是通过以政府为主、以企业和社会组织为辅的团队，为最终消费者（游客）、中间消费者（政府和企业）提供非营利性和非排他性的便利性的产品和服务。二者的目的异曲同工，将"智慧旅游"的理念引入"旅游公共服务"，将促使旅游公共服务发生巨大变革。智慧旅游公共服务就是通过云计算、物联网等高科技手段，以政府为主、以企业和社会组织为辅的提供主体，为最终消费者（游客）、中间消费者（政府和企业）提供非营利性和非排他性的便利性的产品和服务。

# 一、智慧旅游公共服务提供作用

科学技术是第一生产力，科学技术的进步加快了世界的前进步伐，全球信息化浪潮加快了旅游产业的信息化进程。云计算、物联网、人工智能技术的发展与成熟，促使智慧地球、智慧城市、智慧旅游等依靠先进技术的发展模式不断膨胀，并迅速蔓延至世界的各个角落，智慧化程度逐渐成为一个地区甚至是一个国家现代化程度的重要标志。智慧旅游是智慧城市建设的重要抓手，是智慧地球的重要组成部分，是解决旅游业困境，成功实现我国旅游业转型升级的有效途径。因此，国家重视智慧旅游的发展，先后出台相关政策助力智慧旅游的发展，如《关于促进旅游业改革发展的若干意见》明确提到要制定旅游信息化标准，加快智慧景区、智慧旅游企业建设，完善旅游信息服务体系。

## （一）迎合散客需求，提供个性服务

随着国民收入水平的提高和消费观念的改变，我国已经迅速进入"散客时代"。与走马观花式团队出行的旅游相比，散客时代的游客更倾向于体验截然不同的个性化旅游产品，这不仅对旅游企业的产品提出了考验，更对旅游目的地的接待能力提出了巨大的考验。智慧旅游模式提供的个性化服务，很好地迎合了散客时代的游客需求。

## （二）助力智慧城市，实现双赢发展

智慧城市是城市发展的新兴模式，本质在于信息化与城市化的高度融合，是城市信息化向更高阶段发展的表现。智慧城市建设已成为我国当前信息化建设的热点，主要体现在智慧医疗、智慧交通、智慧政府、智慧社区等方面，智慧旅游是智慧城市的重要组成部分。智慧旅游与智慧城市的建设相辅相成：一方面，智慧旅游能够推动智慧城市的建设；另一方面，智慧城市为智慧旅游的发展提供基础环境。

## （三）实现旅游业转型升级，建设世界旅游强国

旅游业要加快转型升级步伐，使我国实现从世界旅游大国向世界旅游强国的新跨越。随着新一轮信息技术的不断创新应用，其在旅游业各领域的渗透更加深入，智慧旅游将成为实现这一跨越的重要跳板，助力我国建设世界旅游强国。

# 二、智慧旅游公共服务提供基础

## （一）科学技术的进步

现代学者定义智慧旅游公共服务多以"技术"定义"智慧"，认为"技术"赋予旅游公共服务"智慧"。虽然对智慧旅游公共服务尚无统一的界定，但毋庸置疑的是科学技术的进步促使旅游公共服务提供模式的改变，促使游客接受服务、信息等渠道的改变，没有科学技术的支持，智慧旅游公共服务的建设也不可能成功。因此，科学技术的进步为智慧旅游公共服务提供重要前提和基础。

## （二）旅游公共服务网络的建设

智慧旅游公共服务建设的基础是原有的旅游公共服务，而近年来随着政府对旅游业的重视，旅游公共服务的建设规划都已经提上城市旅游发展的规划建设议程，以 12301 旅游服务热线、旅游咨询中心、旅游集散中心等项目为代表的旅游公共服务工程为游客提供便利。智慧旅游公共服务的建设旨在运用先进的科学技术，整合现有的旅游公共服务设施与服务使得游客的旅程更加便捷。可见，智慧旅游公共服务建设并非抛弃原有的旅游公共服务，而是在原有旅游公共服务建设的基础上进行整合、改进、升级。因此，智慧旅游公共服务的建设成效和速度也有赖于原有的城市旅游公共服务网络的建设成果。

## （三）智慧公共服务体系、智慧交通体系等应用体系的建设

智慧城市的建设早于智慧旅游城市的建设。2013 年，国家公布首批 90 个国家智慧城市试点名单。2014 年，《关于促进智慧城市健康发展的指导意见》提出：城市人民政府是智慧城市建设的责任主体，要加强组织，细化措施，扎实推进各项工作，主动接受社会监督，确保智慧城市建设健康有序推进。经过多年的发展，智慧城市的建设初见规模，智慧城市包括智慧物流体系、智慧制造体系、智慧贸易体系、智慧能源应用体系、智慧公共服务体系、智慧社会管理体系、智慧交通体系、智慧健康保障体系、智慧安居服务体系、智慧文化服务体系等应用体系，其中智慧公共服务体系、智慧交通体系等应用体系的建设是智慧旅游公共服务建设的基础。

# 第三节　智慧旅游公共服务建设体系

## 一、智慧旅游公共信息服务体系

旅游公共信息服务是智慧旅游公共服务体系的服务中枢，是实现旅游公共服务的系统整合、全面覆盖、高效及时的关键，是旅游公共服务智慧化程度的重要衡量指标。提供智慧旅游公共信息服务的目的是通过先进的集成技术整合各类旅游公共信息，使游客更加便捷地了解和游览旅游目的地。

该体系主要由信息推送平台、信息咨询平台、信息反馈平台、技术支撑平台等四大平台构成。信息推送平台主动向游客提供城市旅游目的地的相关信息，而游客则可以通过信息咨询平台对城市旅游目的地进行进一步了解。信息反馈平台将改进措施及建议反馈到信息推送平台、信息咨询平台以及技术支撑平台。技术支撑平台为信息反馈平台、信息推送平台以及信息咨询平台提供技术支持以及硬件支撑。

### （一）信息推送平台

信息推送平台是指由旅游目的地主动推送该地相关旅游信息的服务平台，主要由电脑终端信息推送系统、移动终端信息推送系统、LED屏/触摸屏信息发布系统、电视平台信息推送系统、广播平台信息推送系统以及报刊平台信息推送系统等六大部分构成。

电脑终端信息推送系统是以电脑为终端媒介的信息推送系统，其内容和方式多样，主要通过官方资讯网站、在线旅游企业网站等推送信息。

移动终端信息推送系统是以手机、平板电脑等为终端媒介的信息推送系统，主要通过官方微信、微博、手机短信、手机报、手机视频等推送信息。

LED 屏/触摸屏信息发布系统是以公共场所安装的 LED 屏/触摸屏为终端媒介的推送系统，信息推送形式主要包括宣传视频、漫画、新闻报道等。

电视平台信息推送系统是以电视为终端媒介的信息推送系统，信息推送形式主要包括宣传视频（宣传片）、广告、电视剧、电影、漫画、新闻报道等。

广播平台信息推送系统是以电台为终端媒介的信息推送系统，由于电台广播在视觉上的限制，所以其信息推送形式主要以广告和新闻报道为主，该系统在关键时刻可以成为重要事件及时传达的工具。

报刊平台信息推送系统是以报纸为终端媒介的信息推送系统，信息推送形式主要包括广告、新闻报道、漫画等。

根据游客的不同需求，在信息发布的时候要注意以下几点：第一，注意时效性，并且要做到信息同步更新；第二，注意有层次地发布信息；第三，注意信息的完整性，首先要有顶层设计，确定所要发布的全部信息，然后根据不同平台的特点发布合适的信息，做到系统、全面地发布信息。

## （二）信息咨询平台

信息咨询平台是游客主动咨询相关旅游信息的平台，主要由旅游咨询中心集群信息咨询系统、旅游信息声讯服务系统、电脑终端信息咨询系统、移动终端信息咨询系统等四大部分构成。

旅游咨询中心集群信息咨询系统是游客在旅游目的地进行信息咨询的最直接有效的渠道，通过采用多媒体和数字化技术，依托互联网，提供人际交流、网络互动和自助查询等旅游信息咨询服务，主要由旅游咨询中心主中心信息推送系统、分中心信息推送系统、信息亭信息推送系统、触摸屏信息推送系统等部分构成。

旅游信息声讯服务系统主要是以声音服务为主，即主要以信息咨询服务热线为主。

电脑终端信息咨询系统是以电脑为终端媒介，为游客提供信息咨询服务的平台，其所提供的咨询形式主要有在线实时咨询、信箱、留言等。

移动终端信息咨询系统是以平板电脑、手机等为终端媒介，为游客提供信息咨询服务的平台，其所提供的咨询形式主要有微信实时咨询平台、信箱、留言等。

信息咨询平台主要依赖电话服务热线，虽然各地基本上已经普遍开通12301 旅游服务热线，但同时也有本地自己的旅游服务热线，甚至出现"一地多线"的现象，缺乏整合。但随着旅游业散客时代的到来，市场面临的最大问题就是"整合"（包括信息的整合和路径的整合等）。快捷、高效、准确地获取信息是游客的重要目的，繁多的热线不仅游客不易记，同时信息在传达的时候也会出现由沟通不畅造成的不一致甚至错乱的现象。另外，电话服务热线的服务模式是信息咨询平台的主要服务模式，模式比较单一，并且最多只能满足游客的游中咨询需求。随着技术的发展以及游客的需要，应增加电脑终端信息咨询系统和移动终端信息咨询系统，从而形成一个完整的信息咨询生态系统，满足游客游前、游中、游后咨询的系统需求。此外，在建设的过程中，各咨询部门的信息需要不断更新，其相互之间需要及时沟通。

## （三）信息反馈平台

信息反馈平台主要提供信息推送与咨询效果的反馈，旨在对旅游目的地的信息发布、咨询、导览等方面的服务进行不断改进，主要由信息服务有效性监测系统、信息服务有效性评估系统以及信息服务有效性反馈系统等三部分构成。

信息服务有效性监测系统用于对信息推送和咨询层面的信息有效性进行监测，主要由信息后台管理系统、游客满意度调查系统（游客满意度点评系统）、游客投诉信息收集系统等部分构成。

信息服务有效性评估系统用于对信息服务有效性监测系统的监测数据进行统计、分析与评估。

信息服务有效性反馈系统用于将信息服务有效性评估系统所得的评估结果反馈到信息推送平台、信息咨询平台和技术支撑平台。

信息反馈平台是旅游目的地各方面改进更新的一个重要依据，旅游目的地要想实现智慧旅游的可持续发展，就必须重视游客意见。目前，越来越多的游客愿意分享游后的心得体会，旅游公共管理者可借此契机进行信息推送与咨询的有效性监测，从而构建一个良性的生态系统，最终实现信息发布、提供的高效性与精确性。

## （四）技术支撑平台

技术支撑平台是指智慧服务过程中的技术、数据等方面的支持，主要由智慧旅游云数据库、智慧旅游物联网平台以及信息网络基础设施平台等三个方面构成。

智慧旅游云数据库是指包含各类旅游基础信息的基础数据库，主要涉及食、住、行、游、购、娱等各方面的数据。

智慧旅游物联网平台主要是利用局部网络或互联网等通信技术把传感器、控制器、人员等通过新的方式连在一起，形成人与物、物与物相连，实现信息化、远程管理控制和智能化的网络，主要由RFID、传感网等部分构成。

信息网络基础设施平台是智慧旅游发展的基础环境，主要由云计算平台、信息基础设施集约化建设平台、政务信息资源交换共享平台、信息安全平台等构成。

在数字经济时代，智慧旅游公共服务不再仅仅是人工服务，而更多的是运用高科技手段，通过各种高科技设备提供服务。各旅游目的地在不断地构建各种类型的技术支撑平台，但是目前的技术支撑平台的建设并不能满足支撑整个智慧旅游公共服务生态系统的需要。这就需要构建智慧旅游云数据库、智慧旅游物联网平台以及信息网络基础设施平台等三大系统，形成一个系统的技术支撑平台，有效保证智慧旅游公共服务的良好发展。

# 二、智慧旅游基础设施服务体系

旅游基础设施服务是智慧旅游公共服务体系的服务载体，是游客关于智慧旅游公共服务直接的接触体验点，旅游基础设施服务质量的高低将直接影响游客对旅游目的地旅游公共服务整体水平的认知。

该体系主要由交通服务平台和游憩服务平台两大平台构成，游客通过交通服务平台这个载体媒介到达城市旅游目的地，并享受目的地智慧旅游公共服务提供的便捷的游憩服务，最后游客再次借由交通服务平台的载体从目的地返回到居住地。

## （一）游憩服务平台

游憩服务平台以为游客与当地居民谋取更多福利为宗旨，推动社会推出更多的旅游惠民服务，主要由公共设施服务系统、无障碍导引系统、便捷支付系统以及旅游休闲设施智能管理系统等四部分构成。

公共设施服务系统主要提供满足游客和当地居民日常需要的设施服务，主要由邮政、金融、医疗、环卫等部分构成。

无障碍导引系统用于智能引导游客自主满足食、住、行、游、购、娱等层面的需求，主要由手机客户端和城市自助导览系统构成。手机客户端主要用于食、住、游、购、娱的导览，城市自助导览系统主要用于以"行"（徒步）为主的导览。

便捷支付系统是游客实现便捷消费支付的平台，主要由无障碍刷卡系统和在线支付系统构成。

旅游休闲设施智能管理系统用于对公共游憩区、特色街区、游览观光步道、开放式景区等公共景观和游览设施的管理。建设该系统的目的是为游客和当地居民提供更加便利的游憩环境。

## （二）交通服务平台

交通服务平台主要由旅游交通信息服务系统、交通管理系统、旅游集散中心服务系统、公共交通系统以及自驾车服务系统等五部分构成。

旅游交通信息服务系统是一个交通地理信息的交换与共享平台，提供地网浏览、快速定位、图层管理、信息查询、数据编辑、空间分析、报表定制、图形输出、数据交换、数据管理、专题统计分析、三维仿真以及屏幕自动取词、地图服务、系统管理等功能，主要为各级交通信息需求者提供各种地理信息服务，能够有效地整合公路、航道、港口、铁路和机场等交通地理信息资源，有助于实现交通地理信息资源共享和集中管理。

交通管理系统通过先进的监测、控制和信息处理等子系统，向交通管理部门和驾驶员提供对道路交通流进行实时疏导、控制和对突发事件应急反应的功能。

旅游集散中心服务系统根据游客需要和旅游景区的分布及品位，逐步完善旅游集散换乘、旅游信息咨询、票务预订、行程讲解等多种功能，逐步实现航空港、火车站、汽车站、码头、地铁、集散中心站点、主要景区的无缝对接，加强各旅游城镇集散中心间的横向联系，推动联网售票、异地订票，实现区域化、网络化运营。

构建公共交通系统的主要目的是采用各种智能技术促进公共运输业的发展。公共交通系统可以通过个人计算机、闭路电视等向公众提供出行方式和事件、路线及车次选择等咨询服务，在公交车站通过显示器向候车者提供车辆的实时运行信息。公交车辆管理中心借助公共交通系统，可以根据车辆的实时状态合理安排发车、收车等计划，提高工作效率和服务质量。公共交通系统主要包括智能公交系统、智能地铁系统以及旅游观光巴士运行系统等。

自驾车服务系统主要是为自驾车游客服务的系统，主要包括旅游交通引导标识系统、智能停车场服务系统（预报车位、智能引导停车、智能收费等）、自驾车服务区系统、电子收费系统以及交通紧急救援系统等。

# 三、智慧旅游行政管理服务体系

智慧旅游行政管理主要是后台运作系统，有助于为游客提供一个健康、有序的旅游环境。智慧旅游行政管理的成熟度将直接影响前台服务系统（包括智慧旅游公共信息服务、智慧旅游基础设施服务），是前台服务系统有序运行的重要保障，并将间接影响旅游目的地旅游业的可持续发展。

该体系主要由智慧旅游政务管理平台、智慧旅游行业管理平台以及智慧旅游营销管理平台等三大平台系统构成。智慧旅游营销管理平台针对游客进行城市营销，主动向游客宣传旅游目的地，而智慧旅游政务管理平台和智慧旅游行业管理平台的有序运行能够为游客提供各项服务的保障。另外，智慧旅游政务管理平台的有效运行是智慧旅游营销管理平台和智慧旅游行业管理平台有效运行的前提和保证，同时智慧旅游行业管理平台的有效运行也是智慧旅游营销管理平台有效运行的前提和保证。

## （一）智慧旅游政务管理平台

智慧旅游政务管理平台是指以高科技手段为依托，实现旅游公共服务的主要提供者——政府的在线办公。但是这里 "在线办公"所指的不仅仅是案头工作的网络化转移，更是指通过科技手段建立一个"网络大楼"，实现各部门、各层级的高效互动，提高办事效率。智慧旅游政务管理平台主要由自动化办公系统、移动办公系统等两方面构成。这两个系统的无缝衔接，使随时随地办公成为可能，二者所涉及的政务内容一致，并且应该同步更新，内容涵盖工作的各大子系统，如政务信息交换共享系统、人事管理系统、内部信息系统、会议管理系统等。

## （二）智慧旅游行业管理平台

智慧旅游行业管理平台是指以高科技手段为依托，实现政府对各行业的在线管理，主要由智慧旅游行业运营监管系统、行业旅游信息报送系统、行业旅游服务质量评估系统、游客流量动态监测系统以及黄金周智慧旅游管理系统等五部分构成。

智慧旅游行业运营监管系统涉及旅游景区、旅行社、旅游饭店等的正常运行监管、舆情监控、数据分析以及诚信监管等。

行业旅游信息报送系统包括旅行社业、旅游饭店业等相关业态的信息填报系统。

行业旅游服务质量评估系统是指对各个相关业态对客户服务质量的测评。该系统对整顿旅游市场，实现旅游业的可持续发展意义重大。

游客流量动态监测系统通过高科技手段获取游客流量信息，并将信息传达给各个业态，以备各业态提前做好人力、物力等方面的接待准备。

黄金周智慧旅游管理系统是一个特殊的智慧管理系统，由于黄金周的特殊性，无论是出于统计的需要还是安全的考量，都有必要为黄金周设置一个独立系统。该系统应主要包括黄金周行业信息报送系统、黄金周客流量监控与预报系统、黄金周旅游安全监控系统以及黄金周突发事件应急系统等四个方面，从而保证黄金周期间旅游业各行业的正常运行，避免发生游客滞留等问题。

## （三）智慧旅游营销管理平台

智慧旅游营销管理平台主要包含全媒体旅游营销系统、自媒体旅游营销系统、旅游营销效果监测系统等三大系统。

全媒体旅游营销系统采用文字、声音、影像、动画、网页等多媒体表现手段，利用广播、电视、电影、报纸、杂志、网站等不同媒介形态，通过融合的广电网络、电信网络以及互联网传播信息。采用全媒体旅游营销系统，可以使任何人在任何时间和任何地点，用任何终端推广任何想要推广的旅游目的地信息，使用户通过电视、电脑、手机等多种终端完成旅游目的地信息的融合接收。

在全媒体旅游营销系统的建设过程中要注意：第一，充分利用不同传播媒介的特点进行相关营销信息的设置与传播，以达到事半功倍的效果；第二，不同的游客群体的旅游需求不同，营销人员应该在云数据系统的基础上将游客群体分类，实行有针对性的营销。

自媒体又称公民媒体或个人媒体，是指私人化、平民化、普泛化、自主化的传播者，以现代化、电子化的手段，向不特定的大多数或者特定的个人，传递规范性及非规范性信息的新媒体的总称。自媒体的系统包括博客、微博、微信、百度贴吧等个人门户，其有以下优势：第一，这些个人门户不仅具有信息发布功能，还能够精确并即时地获取信息，从而构建了一条双向的即时信息通道，这种通道的存在有利于培养信息受众，并支持其更加旺盛的信息表达诉求；第二，个人门户能够将信息挖掘和智能推送结合在一起，从而通过一种用户乐于接收的方式推动自媒体的传播；第三，个人门户建立的社区生态系统加强了用户之间的联系纽带，使得信息的发布者与接收者的沟通更加紧密，联系也更加稳固。因此，旅游目的地应该充分利用自媒体这一强大的旅游营销系统，开展口碑营销。

全媒体旅游营销系统和自媒体旅游营销系统的效果需要通过旅游营销效果检测系统来测评。人们通过测评结果来适时地调整营销策略、手段及方式等，以便达到最佳的营销效果。同时，由于信息技术的日新月异、人们需求的不断变化，一成不变的营销方式将远远不能满足营销需求。因此，旅游营销效果监测系统是整个智慧营销体系至关重要的一部分。

# 第七章　数字经济时代智慧旅游
# 电子商务创新变革

## 第一节　智慧旅游电子商务概述

### 一、电子商务的定义

20 世纪 90 年代以来，随着计算机网络、通信技术的迅速发展，特别是互联网的普及应用，电子商务以前所未有的速度向各个社会领域渗透，并迅速演变为一场全球性的发展浪潮，在世界经济生活中出现了广泛的技术应用革命。对于电子商务，国际上至今没有统一的定义。许多组织、企业、学者根据自己的理解，提出了电子商务的定义。

#### （一）国际商会对电子商务的定义

1997 年 11 月 6 日至 7 日，国际商会在巴黎举行世界电子商务会议。其中一项重要内容是共同探讨电子商务的定义。会议从商业角度提出，电子商务是实现整个贸易活动的自动化和电子化，它涵盖的业务包括信息交换、售前售后服务、销售、电子支付、运输、组建网上企业等。

## （二）世界贸易组织对电子商务的定义

世界贸易组织在电子商务专题报告中，对电子商务的定义是：电子商务是通过电信网络进行的生产、销售和流通活动，它不仅指基于因特网的交易活动，还指所有利用电子信息技术来解决问题、降低成本、增加价值、创造商业和贸易机会的商业活动，包括通过网络实现从原材料查询和采购、产品展示和订购到出品、储运、电子支付等一系列的贸易活动。

## （三）IBM 公司对电子商务的定义

IBM 公司对电子商务的定义是：电子商务是指采用数字化电子方式进行商务数据交换和开展商务业务的活动，是在互联网的广阔联系与传统信息技术系统的丰富资源相结合的背景下，产生的一种相互关联的动态商务活动。这一定义强调的是在计算机网络环境下的商业化应用,电子商务不仅仅是硬件和软件的结合，还是在因特网、企业内部网、企业外部网下进行的业务活动。

## （四）惠普公司对电子商务的定义

惠普公司认为电子商务是通过电子化手段来完成商业贸易活动的一种方式。电子商务使我们能够以电子交易为手段完成物品和服务的交换，是商家和客户之间的联系纽带。它包括商家之间的电子商务及商家与最终消费者之间的电子商务。

## （五）李琪教授对电子商务的定义

李琪教授在《电子商务概论》一书中将电子商务划分为广义和狭义的电子商务。广义的电子商务是指使用各种电子工具从事商务或活动。狭义的电子商务是指主要利用 Internet 从事商务活动。

此外，还有学者认为，广义的电子商务可以称为电子业务，是指各行各业，包括政府机构和企业、事业单位各种业务的电子化与网络化。其业务主要包括狭义的电子商务、电子政务、电子军务、电子医务、电子教务、电子公务、电子事务、电子家务等。狭义的电子商务可称为电子交易，是指人们利用电子化手段进行以商品交换为中心的各种商务活动，包括电子商情、电子广告、电子合同签约、电子购物、电子交易、电子支付、电子转账、电子结算、电子商场、电子银行等不同层次和不同程度的电子商务活动。

## 二、智慧旅游电子商务的定义

旅游电子商务的概念始于 20 世纪 90 年代，最初是由卡兰克塔（Ravi Kalakota）提出的，并由海格尔（John Hagel）进一步发展。

当前，国际上沿用的是世界旅游组织对旅游电子商务的定义：旅游电子商务就是通过先进的信息技术手段改进旅游机构内部和对外的连通性，即改进旅游企业之间、旅游企业与上游供应商之间、旅游企业与游客之间的交流和交易，改进旅游企业内部流程，增进知识共享。

国内比较有代表性的是巫宁、杨路明对旅游电子商务的定义：旅游电子商务是通过先进的网络信息技术手段实现旅游商务活动各环节的电子化，包括通过网络发布、交通旅游基本信息和旅游商务信息，以电子手段进行旅游宣传促销、开展旅游售前售后服务，通过网络查询、预订旅游产品并进行支付，以及旅游企业内部流程的电子化及管理信息系统的应用等。

近年来，智慧旅游这种面向未来的全新旅游形态不断升温，越来越受到人们的关注。随着智慧旅游的成果不断应用于旅游产业要素，一批智慧旅游景区、智慧旅游企业正在快速成长。

"智慧化"成为新时代下发展旅游的必然选择，旅游电子商务业务也成为众多旅游企业新的盈利方式。在分析已有研究成果的基础上，笔者把智慧旅游电子商务定义为：在智慧旅游背景下，利用互联网、现代通信技术及其他信息技术进行的任何形式的旅游商务运作、管理和信息交换，它拥有旅游电子商务的一切功能。旅游企业可通过智慧旅游电子商务平台整合旅游资源，提供适需对路的旅游产品，游客也可以通过智慧旅游电子商务平台寻找"个性化"的旅游产品及活动。智慧旅游电子商务打破了空间和地点的阻隔，用户可以随时随地地查询、消费、游乐，而且一切行为都可以在云端统一协调。

# 三、智慧旅游电子商务运作系统

智慧旅游电子商务中涉及的信息流、资金流均和网络信息系统有着密切的联系。网络信息系统、应用主体系统、技术支持系统、电子支付结算系统组成了一个完整的智慧旅游电子商务运作系统。

## （一）网络信息系统

网络信息系统是实施智慧旅游电子商务的基础，是提供信息、实现交易的平台。旅游企业及游客利用这个平台进行跨越时空的信息交换。旅游企业可以在网络信息系统上发布信息，游客可以搜寻和查看信息，通过网络支付系统进行电子支付。旅游预订和交易信息可以指示旅游企业组织旅游接待服务，最后保证旅游业务的顺利实现。网络信息系统涉及的网络类型可以分为互联网、增值网和内联网三种。

### 1.互联网

互联网可以为智慧旅游电子商务的开展带来许多便利，提供很多诸如信息浏览、远程登录、网上聊天等功能，而且能够提供 24 小时的信息服务，并且支持图片、声音等多种多媒体形式。互联网与旅游业结合可以为旅游机构提供巨大的商业机会。

### 2.增值网

增值网的主要模式是电子数据交换，主要应用于旅游企业之间的商务活动。电子数据交换需要专门的操作人员自行开发所需应用程序，并且需要业务伙伴也使用电子数据交换，因此受到一定的制约。但是相对于互联网，电子数据交换在安全保障方面更具优势。目前，电子数据交换在智慧旅游中的应用主要集中在计算机预订系统和全球分销系统中。

### 3.内联网

内联网是在互联网基础上发展起来的企业内部网。它把一些特定软件附加在原有的局域网上面，将局域网与互联网连接起来，而且它受到企业防火墙安全网点的保护，外部人员很难进入。内联网连接分布在各地的分支机构及企业内部部门，从而形成企业内部的虚拟网络，降低企业的通信成本，推进企业的内部无纸化办公。如今，内联网已在大型饭店集团及大型旅行社中得到广泛使用。

## （二）应用主体系统

在智慧旅游电子商务的应用主体系统中，应用主体主要有旅游企业和游客。

### 1.旅游企业

旅游企业是旅游市场的主体，负责生产、组织和销售旅游产品，开展跨国度、跨地区的旅游经营活动。旅游企业可以将自己的旅游产品提交给专业的智慧旅游电子商务服务商进行代销售。

### 2.游客

游客是智慧旅游电子商务的最终服务对象。游客购买旅游产品并到目的地进行旅游活动，是旅游产品的消费者。游客通过智慧旅游电子商务享受到查询、预订、咨询及服务等多方面的便利，节省大量的时间和费用。

在互联网上，游客不仅是旅游信息的获取者，还是旅游信息的发布和传播者。游客将自己的亲身体验、活动照片和视频发布到互联网上，与广大网民分享，进行经验交流。旅游企业可根据游客提供的反馈信息进行数据分析，定期发布符合游客偏好的旅游促销信息。

## （三）技术支持系统

电子商务服务商为旅游企业和游客在网络信息系统上进行商务活动提供技术支持。根据其服务内容和层次的不同，电子商务服务商可分为两类：一类是为智慧旅游电子商务运行系统提供物质基础和技术支持服务的系统支持服务商；另一类是专业的电子商务平台运营商，负责开发运营电子商务平台，为旅游企业和游客之间提供沟通渠道、交易平台及相关服务。

## （四）电子支付结算系统

电子支付结算涉及购买方的信用及其能否按时支付、销售方能否按时回收资金并实现经营良性循环等问题。电子支付结算系统的稳步发展，是智慧旅游电子商务得以顺利实现的重要因素。

# 四、发展智慧旅游电子商务的意义

伴随互联网技术兴起和普及而产生的智慧旅游电子商务，已成为各国开拓旅游市场的重要手段，给旅游业的传统经营模式带来极大挑战。在这种背景下，发展智慧旅游电子商务，使传统旅游业快速融入智慧旅游电子商务发展浪潮，有利于改变旅游企业传统经营模式、为游客提供个性化服务、实现旅游服务形式多样化、降低旅游企业的经营成本，能进一步完善旅游企业的服务形式。

## （一）改变旅游企业传统经营模式

旅游业是为游客提供食、住、行、游、购、娱等多种服务的综合性行业，游客对旅游企业服务的满意程度在一定程度上决定着旅游企业的生存和发展。因此，旅游企业要及时了解旅游市场客源信息和游客需求，及时、准确、详尽地向游客提供丰富的旅游景点信息，并根据游客的需求提供相关服务。在旅游企业传统经营模式下，旅行社承担着组织客源和协调酒店、交通运输企业、旅游景点关系的重任，一方面要收集潜在游客的需求信息，将它传递给酒店、交通运输企业、旅游景点等，使它们能够迅速做出反应，为游客提供满意的服务（或产品）；另一方面要将旅游服务（或产品）的有关信息直接或间接地传递给潜在游客，激发他们的旅游欲望，使其产生旅游行为。这种经营模式往往因为时空限制，不能适应旅游企业与游客之间相互交流的要求，难以满足游客多样化需求，甚至会增加游客的旅游成本，导致其满意度下降，成为阻碍旅游业发展的瓶颈。

智慧旅游电子商务能够改变旅游企业传统经营模式，突破时空限制，使各旅游企业之间沟通更便捷，任何一个企业都可以通过智慧旅游电子商务平台了解其他企业的情况，实现资源、信息和利益共享。智慧旅游电子商务使旅游企业与游客之间的相互交流和信息反馈更加畅通，使旅游企业能够推出满足游客多样化需求的旅游服务（或产品），获取旅游商机，提高经营效率。例如，广州岭南国际旅行社有限公司通过智慧旅游电子商务平台实现旅游线路信息实时报送、更新以及订单查询、订单跟踪、支付结算、监控等业务流程操作，将各种旅游资源有机地结合在一起，突破经营的地域限制，提高自身的市场竞争力。

## （二）为游客提供个性化服务

随着社会经济的发展和生活水平的提高，游客追求个性化旅游成为一种时尚。所谓个性化旅游是指为满足游客某方面的特殊兴趣与需要，定向开发、组织的一种特色旅游活动，它是对传统常规旅游形式的一种发展和深化，对旅游服务提出了更高的要求。

要满足游客个性化的旅游需求，旅游企业必须拥有强大的资源整合能力。传统的旅游业务管理模式显然不能满足这种需求，而智慧旅游电子商务平台具有高速度、高精度和低成本的信息处理能力，可以在较短的时间内迅速整合各种旅游资源，因此发展智慧旅游电子商务可为旅游企业向游客提供个性化服务创造广阔的空间。一方面，游客通过智慧旅游电子商务平台不仅可以查询旅游企业及其提供的各条线路和景点，了解行程、报价、住宿等信息，而且可以自由进行交流，自愿组团和选择参加者，自主预订旅游路线、选择交通方式、预订酒店和导游，并根据自身需要对旅游企业提出新的要求。另一方面，旅游企业可以通过智慧旅游电子商务平台与游客进行交互式沟通，为缺乏旅游经验的游客提供咨询意见，并及时根据自身的实际情况，针对游客的需求，为游客提供无处不在的个性化、实时贴心服务，使个性化旅游带给游客全新的旅游体验。

## （三）实现旅游服务多样化

目前，旅游企业千篇一律的"旅游套餐"服务已经不能满足游客多样化需求。智慧旅游电子商务把众多的旅游供应商、旅游中介、游客联系在一起，将相关的旅游景点、交通、娱乐、餐饮、文化、购物系统化地整合到一起，组成一个全方位的服务网络，具有覆盖面广、效率高、成本低等特征，能弥补传统旅游企业无法满足游客多样化需求的不足，为游客提供多样化服务。例如，美国一些大型智慧旅游电子商务服务企业供游客选择的旅游产品多达3万~4万种，这对传统旅游企业来说是无法想象的。在我国，随着旅游行业竞争日益激烈，各旅游企业纷纷利用智慧旅游电子商务，生动、立体地展示自身旅游产品特色，进行网上售前推介，宣传旅游产品的经营绩效，打造旅游品牌和信誉；外延旅游周边产业，除向游客提供旅游核心产品外，还开展餐饮、住宿、订票、租车、网上支付、网上咨询、网上洽谈等多样化服务。游客可以在智慧旅游电子商务平台购买旅游产品、景区纪念品、导游服务等。可见，发展智慧旅游电子商务可以大大丰富旅游服务形式，旅游企业以其多样化的旅游服务满足游客多样化的需求，是其在旅游市场制胜的关键。

### （四）降低旅游企业的经营成本

传统旅游企业主要通过报纸、杂志、电视、广播等媒体传递信息，游客由此所获取的旅游信息仅局限于旅游线路、往返交通工具、居住旅馆、旅游产品价格等。传统旅游企业以电话、邮件、传真作为主要的联系方式，其运营成本往往较高。智慧旅游电子商务的发展可以提高旅游企业的经营效率和竞争能力，在一定程度上降低旅游企业的经营成本。智慧旅游电子商务将旅游产品及相关信息的发布、订购、支付、售后服务等功能集于一体，以电子流代替实物流，使旅游企业、旅游代理商、游客相互之间通过网络进行信息沟通、传递，突破时空限制，可以大大节省经营的人、财、物费用支出，并使游客节省信息搜寻成本，减少信息搜寻时间。同时，智慧旅游电子商务以"网络空间"取代"物质空间"，以"虚拟市场"取代"传统市场"，旅游企业可以和游客进行直接交易，提供预订服务，不用面临复杂、费力的物流配送问题，甚至可以省去物流环节，从而减少旅游市场的中介费用，节约成本支出。旅游企业还可以形成"以游客为中心"的消费市场，并借助智慧旅游电子商务与其他企业建立网络型商务联系，促进旅游交易与旅游行为的发生，给旅游业带来新的发展动力，从而大大降低交易成本。

# 第二节 智慧旅游电子商务模式

随着电子商务的发展，已经有越来越多的传统电子商务网站开辟了旅游这一功能，而旅游类电子商务网站也逐步向多元化发展。智慧旅游电子商务是因特网、物联网、云计算等发展的产物，是网络技术在旅游业中的全新应用。智慧旅游电子商务具有费用低、效率高、超时空、社会化及虚拟化的特点，对传统的商务模式提出强大的挑战。它不仅会改变整个旅游企业本身的生产、经营和管理活动，还会影响整个旅游经济的运行与结构。

智慧旅游电子商务模式是旅游企业利用互联网营销旅游产品，并借此持续获取利润的方式，即构成智慧旅游电子商务模式的诸要素不同的组合形式及智慧旅游电子商务运营管理的方式和方法。智慧旅游电子商务模式可分为B2C（企业对顾客电子商务）、B2B（企业对企业电子商务）、O2O（线上线下商务）、C2B（顾客对企业电子商务）、C2C（顾客对顾客电子商务）五类，下面分别进行介绍。

# 一、B2C 智慧旅游电子商务模式

B2C 智慧旅游电子商务模式，即电子旅游零售，俗称旅游零售，是旅游企业向游客提供电子商务服务的形态。在交易时，游客先通过网络获取旅游目的地信息，然后在网上自主设计旅游活动日程表，预订旅游饭店客房、车船机票等，或报名参加旅行团。对旅游业这样一个游客高度分散的行业来说，B2C 智慧旅游电子商务方便游客远程搜索、预订旅游产品，克服距离带来的信息不对称。另外，B2C 智慧旅游电子商务还包括旅游企业向游客提供拍卖旅游产品的服务，由智慧旅游电子商务网站提供中介服务等。就网站而言，B2C的商业模式对规模经济的需求决定了网站需要向尽量多的网民提供酒店、机票和线路预订服务，并提供充分的信息和及时的沟通。

# 二、B2B 智慧旅游电子商务模式

B2B 智慧旅游电子商务模式是指企业之间通过网络信息手段实现一对一或一对多的交易，如采购、分销等。在智慧旅游电子商务中，B2B 智慧旅游电子商务模式包括以下几种：

第一，旅游企业之间的产品代理，如旅行社代订机票、宾馆、饭店等，旅游代理商代售批发商组织的旅游线路产品。

第二，两家或多家旅行社组团经营同一条旅游线路，由于出团时间相近，在每个旅行社的客人较少的情况下，旅行社在征得游客同意后将客源合并，由一家旅行社单独操作可以降低运作成本。

第三，旅游地接社批量订购当地宾馆、饭店、景区门票。

第四，客源地组团社与目的地接社之间的委托、支付关系。

应用 B2B 智慧旅游电子商务模式可以提高旅游企业间的信息共享和对接运作效率。B2B 交易平台按照经营者不同，可以分为旅游网上交易市场和旅游网上商务。旅游网上交易市场是提供给企业间进行旅游产品交易，并由第三方经营的智慧旅游电子商务平台，它的收益主要来源是交易提成、广告收入和其他服务收费。旅游网上商务指的是旅游企业在互联网上注册网站，向其他企业提供旅游服务或旅游商品的旅游电子商务平台。

## 三、O2O 智慧旅游电子商务模式

电子商务已经改变了大众的生活方式。但日常生活中的大多数消费还是离不开实体店。即使在电子商务非常发达的美国，线下消费的比例依然高达92%。将线上客源与实体店消费进行对接，蕴含着巨大的商机，就是在这种环境下产生了 O2O 模式。

O2O 智慧旅游电子商务模式最重要的特点是推广效果可查，规避了传统营销模式的推广效果不可预测性，每笔交易可跟踪。旅游企业通过掌握这些交易数据，可以提升营销效果，同时通过与游客的在线沟通，更好地了解游客需求。

O2O 智慧旅游电子商务模式的优势在于把线上和线下的优势完美结合。

通过网络导购，该模式把互联网与地面店完美对接，实现互联网落地，让游客在享受线上优惠价格的同时，又可享受线下贴心的服务。

O2O 智慧旅游电子商务模式充分利用了互联网跨地域、无边界、海量信息的优势，同时充分挖掘线下资源，进而促成线上游客与线下商品、服务的交易。团购就是 O2O 智慧旅游电子商务的典型代表。

O2O 智慧旅游电子商务模式打通了线上与线下的信息和体验环节，让线下游客避免了因信息不对称而遭受的"价格蒙蔽"，同时实现了线上游客"售前体验"。

# 四、C2B 智慧旅游电子商务模式

在 C2B 智慧旅游电子商务模式中，游客提出需求，然后旅游企业通过竞争满足游客的需求，或者游客通过网络结成群体与旅游企业讨价还价，游客在此过程中处于相对强势的地位。该模式主要通过电子中间商，如专业旅游网站、门户网站旅游频道等进行。这类电子中间商提供一个虚拟开放的网上中介市场的信息交互平台。上网的游客可以直接发布需求信息，在旅游企业查询后，双方通过交流自愿达成交易。

C2B 智慧旅游电子商务模式的核心是通过聚合为庞大的用户形成一个强大的采购集团，以此来改变用户一对一出价的弱势地位。

C2B 智慧旅游电子商务主要有两种形式。第一种形式是反向拍卖，也就是竞价拍卖的反向过程。先由游客提供一个价格范围，求购某一旅游服务产品，再由旅游企业出价，出价可以是公开的也可以是隐蔽的，游客将选择其认为定价合适的旅游产品成交。这种形式对旅游企业来说吸引力不是很大，因为单个游客预订量较小。第二种形式是网上成团，即游客提出他设计的旅游路线并在网上发布，吸引其他相同兴趣的游客。通过网络信息平台，当愿意按同一条线路出行的游客汇聚到一定数量时，他们再请旅行社安排行程，或直接预订饭店、客房等旅游产品，得到优惠。

C2B 智慧旅游电子商务模式利用信息技术带来的信息沟通面广和成本低廉的特点，特别是网上成团的运作模式，使得传统条件下难以兼得的个性旅游需求实现规模化组团。C2B 智慧旅游电子商务模式是一种需求方主导型的交易模式，它体现了游客在市场交易中的主体地位，对帮助旅游企业更加准确和及时地了解游客的需求，实现旅游业向产品丰富和个性满足的方向发展起到促进作用。

例如，马蜂窝利用其海量的数据积累，通过分析发掘游客的出行热点，有侧重地推出特价旅游产品，包括酒店、机票、门票、签证、个性化旅游服务等，其价格与其他网站的团购频道相比具有一定的优势。马蜂窝是应用 C2B 模式、具有互动功能和全新理念的电子商务平台，为中小企业服务，以游客为核心，使双方互利共赢。

# 五、C2C 智慧旅游电子商务模式

相对于较为成熟的 B2C 与 B2B 智慧旅游电子商务模式，C2C 智慧旅游电子商务模式尚处于不成熟阶段。但是随着电子商务活动的普及，以及 C2C 模式相对低廉的营销与运作成本，C2C 智慧旅游电子商务模式已日渐成为中小型旅游企业进行网络营销以及个人创业的利器，蕴含着极大的发展潜能。就目前而言，国内的 C2C 智慧旅游电子商务主要以两种模式存在：

## （一）淘宝网店模式

淘宝网店模式是指中小型旅游企业或个人在淘宝网上开设网店，营销旅游相关产品。目前的交易主要集中于旅游商品销售、家庭旅馆预订以及小型旅行社或个体导游网上招客、组团等。

### （二）互助游模式

互助游，又名交换游，被称为继随团游、自助游之后最具革命性的旅行方式。通俗地说，互助游就是互相帮助、交换资源进行旅游。

在使用 C2C 智慧旅游电子商务模式时，业绩较好的个人经营者，随着业务量的不断增长也可以使用 B2C 智慧旅游电子商务模式。

# 第三节　智慧旅游电子商务的支付手段

在传统旅游业中，支付功能往往是通过前台支付来完成的。随着智慧旅游的兴起以及旅游电子商务的发展，支付手段的更新被提到日益重要的地位，支付功能必须适应信息化的要求而有新的变化，这就促使旅游企业必须考虑新的应对方案。在这种背景下，越来越多的旅游电子商务企业开始使用电子支付功能来满足需求，进而提高企业的服务质量和盈利能力。

## 一、网上支付

### （一）网上支付的概念

电子支付是指从事电子商务交易的当事人，包括客户、厂商和金融机构，通过信息网络，使用安全的信息传输手段，采用数字化方式进行的货币支付或资金流转。网上支付是电子支付的一种形式，它是通过第三方提供的与银行之间的支付接口进行的即时支付方式。这种方式的好处在于可以直接把资金从客户的银行卡转到网站账户中，汇款马上到账，不需要人工确认。

## （二）网上支付系统的组成

网上支付需要多个要素的共同协作才能完成。网上支付系统的具体组成要素有以下几个：

### 1.网络交易平台

网上支付基于网络交易平台进行运作，网络交易平台需要支持网上支付的工具，如电子支票、信用卡、电子现金等。

### 2.电子商务交易主体

电子商务交易主体主要包括买卖双方，也称为商家和客户。

### 3.支付网关

这是完成银行网络和因特网之间的通信和协议转换，进行数据的加解密，保护银行内部网络安全的一组服务器，它是互联网公用网络平台和银行内部金融专用网络平台之间的安全接口。一般而言，网上支付的信息必须通过支付网关处理后，才能进入银行内部的支付结算系统。

### 4.银行系统

该系统主要包括金融服务机构、客户银行和商家银行。客户银行又被称为发卡行，是指为客户提供资金账户和网上支付工具的银行；商家银行又称为收单行，是指为商家提供资金账户的银行。

### 5.认证中心

认证中心是交易各方都信任的公正的第三方机构。在交易行为发生时，认证中心对电子证书和数字签名进行验证。

### 6.法律和诚信体系

法律体系由国家及国际相关法律、法规予以支撑，而诚信体系则要依靠社会的共同促成和维护。

## （三）网上支付的特点

与传统支付方式相比，网上支付具有如下特点：

第一，网上支付是采用先进的技术，通过数字流转来完成信息传输的，其各种支付方式都是采用数字化的方式进行的；而传统支付方式则是通过现金流转、票据的转交及银行的汇兑等物理实体的流转来完成款项支付的。

第二，网上支付的工作环境是一个开放的系统平台，而传统支付则是在较为封闭的系统中运作的。

第三，网上支付使用的是先进的通信媒介，如互联网，而传统支付使用的则是传统的通信媒介。网上支付对软件、硬件设施的要求很高，一般要求有联网的计算机、相关的软件及其他一些配套设施，而传统支付则没有这么高的要求。

第四，网上支付具有方便、快捷、高效、经济的优势。人们只要拥有一台能上网的电脑便可足不出户，在很短的时间内完成整个支付过程。支付费用仅相当于传统支付的几十分之一，甚至几百分之一。网上支付可以完全突破时间和空间的限制，可以满足 24/7（每周 7 天，每天 24 小时）的工作模式，其效率之高是传统支付难以企及的。

## （四）网上支付工具

世界各国发展网上支付所采用的支付工具主要有电子现金、银行卡、电子支票、电子钱包等四种。

### 1.电子现金

电子现金又称为电子货币、数字现金或数字货币，是一种表示现金加密的加密序列数。它可以用来表示现实中各种金额的币值。电子现金以数字信息形式存在，通过互联网流通，但比现实货币更加方便、经济。

### 2.银行卡

目前，基于银行卡的支付有四种类型。

第一种，无安全措施的银行卡支付。买方在网上从卖方订货，而银行卡信息通过电话、传真等非网上传送，或者银行卡信息在网上传送，但无任何安全措施，卖方与银行之间使用各自现有的银行商家专用网络授权来查询银行卡的真伪。

第二种，通过第三方代理人的支付。提高银行卡事务处理安全性的一个途径就是在买方和卖方之间启用第三方代理，目的是使卖方看不到买方银行卡信息，避免银行卡信息在网上多次公开传输而导致银行卡信息被窃取。

第三种，简单银行卡加密。若使用简单银行卡加密模式付费，当银行卡信息被买方输入浏览器窗口或其他电子商务设备时，银行卡信息就被简单加密，通过网络从买方向卖方传递。采用的加密协议有 SSL（安全套接层）协议等。

第四种，采用 SET（安全电子交易）协议的银行卡支付。SET 协议保障了 Internet 上银行卡支付的安全性，利用 SET 协议制定的过程规范，可以满足电子商务交易过程的机密性、认证性、数据完整性等安全要求。SET 协议提供商家和收单行的认证。

3.电子支票

电子支票是一种借鉴纸张支票转移支付的优点，利用数字传递将钱款从一个账户转移到另一个账户的电子付款形式。电子支票主要用于企业与企业之间的大额付款。电子支票的支付一般通过专用的网络、设备、软件及一整套的用户识别、标准报文、数据验证等规范化协议完成数据传输，从而可以有效保证安全性。

4.电子钱包

电子钱包，也称为数字钱包，是用来存储电子货币的一种支付工具，常用于电子商务购物活动中，尤其在小额购物或购买小商品时应用较多。电子钱包有两种概念：一是纯粹的软件，主要用于网上消费、账户管理，这类软件通常是与银行卡账户连接在一起的；二是小额支付的智能储值卡，持卡人预先在卡中存入一定的金额，在交易时直接从储值账户中扣除交易金额。

# 二、网络银行

## （一）网络银行的概念

网络银行又称在线银行、虚拟银行，诞生于 20 世纪 90 年代，是银行组织和现代信息技术相互融合的产物，是银行业自身组织形式不断演进而呈现出的一种高级形态。它是指银行利用通信和计算机网络技术，通过建立自己的 Internet 网站和 Web 页面，在 Internet 上为客户提供开户、销户、查询、对账、行内转账、跨行转账、信贷、网上证券、投资理财等银行金融服务项目，使客户足不出户就能够安全、便捷地管理活期和定期存款、支票、信用卡及个人投资等。

## （二）网络银行的构成

下面主要从技术、组织和业务的角度来研究网络银行的构成。

### 1.技术构成

网络银行系统主要由 Web 服务器、交易服务器、客户服务代表工作站、数据库服务器、过滤路由器等构成。

### 2.组织构成

一般而言，新创立的网络银行相当于一个网络银行部。网络银行部的形成通常有三种形式：一是从银行原有的信息技术部演变而来；二是创立新的网络银行部；三是对原有的信息技术部、银行卡部等多个部门的相关业务水平进行整合而形成。

由于网络银行部的业务目标与信息技术有所不同，因此网络银行部的设置与纯粹的信息技术部有所差别。无论是由哪一种方式生成的网络银行部，都会在组织结构上体现这种不同。商业银行中较为完整的网络银行部一般由市场推广部（又称市场部）、客户服务部（又称客户部、信用卡部、银行卡部）、信息技术部（又称科技部、技术部）、财务部和后勤部组成。

## 3.业务构成

网络银行的业务构成随着网络银行的发展和完善将有所发展，一般认为，网络银行的基本业务构成如下：

首先，基本技术支持业务，如网络技术、数据库技术、系统软件和应用软件技术的支持，特别是网络交易安全技术的支持，使网络银行业务得以不断拓展。

其次，网络客户服务业务，如客户身份认证、客户交易安全管理、客户信用卡或银行卡等电子货币管理以及客户咨询等。

最后，网络金融品种及服务，如网络财经信息查询、网络股票交易、信用卡申请以及综合网络金融服务等。

## （三）网络银行的特点

网络银行随着 Internet 的普及和电子商务的发展而崛起，它依托于传统的银行业务，却又带来了不可忽视的变革，极大地拓展了传统的电子银行业务功能。无论是在运行机制还是服务功能上，网络银行相对于传统银行都有着极大改变，具有一些新的特点。

## 1.时空的无限化

网络银行不存在分支机构，其运作和地理位置无关。网络银行可以在任何时间（anytime）、任何地点（anywhere），以任何方式（anyhow）为客户提供不受时空限制的服务，因此也被称为"3A"银行。

## 2.服务的智能化

传统银行的运作主要借助于硬件设施和员工的工作为客户提供金融服务。而网络银行的运作主要依靠软件系统开展业务，它能提供更全面、高效、迅速的服务。客户只需要访问网络银行，就可以在获得授权的情况下办理各种业务。

### 3.运作方式的全新化

网络银行采用电子支付手段支持自身的运作，带来全新的运作方式——业务和办公流程的无纸化。该运作方式的变化为银行带来明显的经济效益，最直接的体现就是运营成本的降低。

### （四）网络银行的发展模式

网络银行有两种发展模式：一种是完全依赖于 Internet 发展起来的全新电子银行，这类银行的所有业务、交易和服务完全依靠网络展开；另一种则是利用计算机网络、无线网络和 Internet 开展的传统银行的金融业务与服务。

## 三、移动支付

### （一）移动支付的概念

移动支付是一种在移动设备上进行商务活动的方式，是指参与交易的双方为了得到所需的产品和服务，通过移动终端（手机等）和移动通信网络实现交易的一种现代化手段。移动支付系统为每位手机用户创建一个与其手机号码关联的支付账号，用户通过手机即可进行现金支付。

### （二）移动支付体系的构架

移动用户可通过短信、无线网络、语音、Web 等方式接入移动支付系统。

### （三）移动支付的业务类型

移动支付的业务类型包括以下几种：

### 1.手机小额服务

手机小额服务主要是用手机账户或特制的小额账户完成支付功能。手机小额服务一般通过短信、无线网络、K-Java 等实现。用户在手机上绑定银行卡、网络银行为小额账户充值，运营商管理用户账户，第三方交易服务提供商提供支付平台，付费采用预付费实时扣除、后付费记账等方式完成。

### 2.金融移动服务

移动运营商与金融机构合作，将手机与银行卡绑定，从银行卡支付交易金额。金融移动服务一般由运营商提供信道，目前主要是采用短信模式，银行负责资金管理、结算等。这种服务的付费采用实时扣除模式，并支持信用卡支付。

### 3.公共事业缴费

用户在银行营业网点开办该业务后，通过移动支付业务进行公共事业缴费，第三方平台通过移动网络通知用户确认交易。

## （四）移动支付的运作模式

移动支付的运作模式目前主要分为银行运作模式、运营商运作模式和第三方运作模式。

### 1.银行运作模式

通过专线将银行网络与移动通信网络进行互联，将银行账户与手机账户绑定，电信运营商为银行提供渠道。

### 2.运营商运作模式

以用户的手机话费账户等小额账户作为移动支付账户进行消费，如手机钱包业务。

### 3.第三方运作模式

通过搭建独立于银行和移动运营商的第三方移动支付平台，负责客户银行账户与服务提供商银行账户之间的资金划拨和结算。

除以上几种智慧旅游电子商务的支付手段之外，第三方支付日渐兴盛。其所拥有的款项收付的便利性、功能的可拓展性、信用中介的信誉保证等使得其成为目前主流的网络支付模式。典型的第三方支付平台有支付宝、财付通等。

# 第四节 智慧旅游电子商务的安全管理

## 一、智慧旅游电子商务安全威胁

随着智慧旅游电子商务在全球范围内的快速发展，智慧旅游电子商务中的安全威胁日渐突出。智慧旅游电子商务中的安全威胁可分为以下几类：

### （一）信息截获

如果没有采用加密措施或加密强度不够，那么攻击者可能通过互联网、公共电话网、搭线、在电磁波辐射范围内安装接收装置或在数据包通过的网关和路由器上截获数据等方式，获取机密信息，如旅游消费者的银行账号、密码以及旅游企业的商业机密等。

### （二）信息破坏

攻击者在熟悉网络信息格式之后，通过各种技术方法和手段对网络传输的信息进行中途修改，并发往目的地，从而破坏信息的完整性。这种破坏手段主要有三种方式：第一，篡改。改变信息流的次序，更改信息的内容，如购买商品的出货地址。第二，删除。删除某个消息或消息的某些部分。第三，插入。在消息中插入一些信息，让接收方读不懂或接收错误的信息。

## （三）信息假冒

攻击者在掌握网络信息数据规律或揭秘商务信息以后，可以假冒合法用户或发送假冒信息来欺骗其他用户，主要采用两种方式：第一，伪造电子邮件，虚开网站和商店，给用户发电子邮件，收订货单，如：伪造大量用户，发电子邮件，穷尽商家资源，使合法用户不能正常访问网络资源，使有严格时间要求的服务不能及时得到响应；伪造用户，发大量的电子邮件，窃取商家的商品信息和用户信用等信息。方式二，假冒他人身份，如：冒充领导发布命令、调阅密件；冒充他人消费、栽赃；冒充主机欺骗合法主机及合法用户；冒充网络控制程序，套取或修改使用权限、通行字、密钥等信息；接管合法用户，欺骗系统，占用合法用户的资源。

## （四）交易抵赖

交易抵赖包括多个方面，如发信者事后否认曾经发送过某条信息或内容、收信者事后否认曾经收到过某条消息或内容、购买者做了订货单不承认、商家在卖出商品后因价格差而不承认原有的交易。

# 二、智慧旅游电子商务系统的安全要求

一个真正安全的智慧旅游电子商务系统要具有机密性、完整性、认证性、不可抵赖性和有效性。

## （一）机密性

电子商务作为贸易的一种手段，其信息直接代表着个人、企业或国家的商业机密。传统的商业贸易都是通过邮寄封装的信件或通过可靠的通信渠道发送商业报文来达到保守商业机密的目的的。智慧旅游电子商务是建立在一个较为开放的网络环境上的，维护商业信息机密是智慧旅游电子商务全面推广应用的一个重要保障。因此，智慧旅游电子商务系统需要预防信息的非法存取，避免信息在传输过程中被非法窃取。机密性一般通过加密技术对传输的信息进行加密处理来实现。

### （二）完整性

智慧旅游电子商务系统简化了贸易过程，减少了人为的干预，同时也带来了维护贸易各方商业信息的完整性、一致性的问题。数据输入时的意外差错或欺诈行为，可能导致贸易各方信息的差异。此外，数据传输过程中的信息丢失、信息重复或信息传送的次序变化也会导致贸易各方信息的不同。贸易各方信息的完整性将影响到贸易各方的交易和经营策略，保持贸易各方信息的完整性是智慧旅游电子商务系统的重要任务。因此，智慧旅游电子商务系统要预防信息的随意生成、修改和删除，同时要防止数据传送过程中信息的丢失和重复并保证信息传送次序的一致。完整性一般可通过提取信息消息摘要的方式来实现。

### （三）认证性

由于智慧旅游电子商务系统建立在网络的基础上，旅游企业或个人通常都是在虚拟的网络环境中进行交易的，所以对个人或旅游企业实体进行身份确认成为旅游电子商务中非常重要的环节。智慧旅游电子商务系统要对个人或旅游企业的身份进行鉴别，为身份的真实性提供保证，即确保交易双方能够在网络环境中（相互不见面的情况下）确认对方的身份。这意味着当某人或旅游企业声称具有某个特定的身份时，鉴别身份服务将提供一种可靠的方法来验证其声明的正确性，这一般通过 CA（证书授权中心）和证书来实现。

## （四）不可抵赖性

智慧旅游电子商务可能直接关系到贸易参与各方的商业交易，如何确定要进行交易的贸易各方正是进行交易所期望的贸易方这一问题是保证智慧旅游电子商务顺利进行的关键。在无纸化电子商务方式下，通过手写签名和印章来进行贸易方的鉴别已是不可能的，这就要求智慧旅游电子商务系统在交易信息的传输过程中为参与交易的个人、旅游企业提供可靠的标识。不可抵赖性主要通过对发送的消息进行数字签名来获取。

## （五）有效性

智慧旅游电子商务以电子形式取代纸张，使得如何保证这种电子形式的贸易信息的有效性成为开展智慧旅游电子商务的前提。智慧旅游电子商务信息的有效性关系到个人和旅游企业的经济利益与声誉，因此智慧旅游电子商务系统要对网络故障、操作错误、应用程序错误、硬件故障、系统软件错误及计算机病毒所产生的潜在威胁加以控制和预防，以保证交易数据在确定的时刻、确定的地点是有效的。

# 三、智慧旅游电子商务安全技术

信息安全是智慧旅游电子商务的核心研究领域。智慧旅游电子商务系统是依赖互联网的信息系统，其安全问题依赖网络信息系统的安全，保证传输信息的安全成为智慧旅游电子商务能顺利进行的重要因素。目前，常用的智慧旅游电子商务信息安全技术有数据加密技术、数字签名技术、数字信封技术、数字时间戳技术以及数字证书技术。

## （一）数据加密技术

数据加密技术是网络中最基本的安全技术，主要是通过对网络中传输的信息进行数据加密来保障其安全性。这是一种主动安全防御策略，用很小的代价即可为信息提供相当大的安全保护。

"加密"是一种限制对网络上传输数据访问权的技术。原始数据（也称为明文）被加密设备（硬件或软件）和密钥加密而产生的经过编码的数据称为密文。将密文还原为原始数据的过程称为解密，它是加密的反向处理，但解密者必须利用相同类型的加密设备和密钥对密文进行解密。

数据加密是确保计算机网络安全的一种重要机制，是实现分布式系统和网络环境下数据安全的重要手段。一般加密的基本功能有防止不速之客查看机密的数据文件，防止机密数据被泄露或篡改，防止拥有特权的用户查看私人数据文件，使入侵者不能轻易地查询到一个系统文件。

## （二）数字签名技术

数字签名就是附加在数据单元上的一些数据，或是对数据单元所做的密码交换。这种数据和交换允许数据单元的接收者用以确认数据单元来源和数据单元的完整性，并保护数据，防止被人（如接收者）进行伪造。

数字签名是一种确保数据完整性和原始性的方法，它可以提供有力的证据，表明自从数据被签名以来数据尚未发生更改，并且它可以确认对数据签名的人或实体的身份。数字签名实现了"完整性"和"认可性"这两项重要的安全功能，而这是实施安全的智慧旅游电子商务的基本要求。

数字签名主要是为了证明发件人身份，它通过以下步骤来实现：

步骤一，发信者在发信前使用哈希算法求出待发信息的数字摘要。

步骤二，发信者使用公开密钥技术，利用自己的私钥对这个数字摘要进行加密形成一段信息，这段信息称为数字签名。

步骤三，发信者在发信时将这个数字签名信息附在待发信息后面，通过互联网，一起发送给收信者。

步骤四，收信者收到包含数字签名的信息后，一方面用发信者的密钥对数字签名部分进行解密，得到一个摘要H；另一方面，收信者将收到的信息用哈希算法求出另一个摘要H'，再把H和H'相比较，若相同，则说明发送的信息和接收到的信息是一致且真实的，数字签名有效，否则收到的信息不是发信者所发送的真实信息，签名无效，在发送信息的过程中信息被人篡改了。

数字签名使收信者可以确定文件确实是由发信者发送的，并且签名所采用的私钥只由发信者自己保管，他人无法做出一样的签名，从而保证发送者不能否认信息是由他发送的。数字签名可以确保发送信息的完整性和不可抵赖性。

## （三）数字信封技术

数字信封技术是用加密技术来保证只有规定的特定收信者才能阅读信的内容。发信者采用对称密钥来加密信息，然后将此对称密钥用收信者的公开密钥来加密（这种加密后的对称密钥称为数字信封）之后，将它和信息一起发送给收信者，收信者先用相应的私有密钥打开数字信封，得到对称密钥，然后使用对称密钥解开信息。这种技术的安全性相当高。

## （四）数字时间戳技术

数字时间戳技术本质上是数字签名技术的一种变种应用。在智慧旅游电子商务交易的文件中，时间是十分重要的信息。在成功的智慧旅游电子商务应用中，交易各方不能否认其行为，这需要在经过数字签名的交易上打上一个可信赖的时间戳，从而解决一系列的实际法律问题。数字时间戳的工作流程是：首先，用户对文件数据进行哈希摘要处理；其次，用户提出时间戳的请求，哈希值被传递给时间戳服务器，时间戳服务器对哈希值和一个日期/时间记录进行签名，生成时间戳；最后，时间戳数据和文件信息绑定后返还，用户进行下一步网上交易操作。

## （五）数字证书技术

数字证书是一种权威性的电子文档，有权威公正的第三方机构，即 CA 签发的证书。

CA 作为旅游电子商务交易中受信任的第三方，承担公钥体系中公钥合法性检验的责任。CA 为每个使用公开密钥的用户发放一个数字证书，该证书的作用是证明证书中列出的用户合法拥有证书中列出的公开密钥。CA 负责产生、分配并管理所有参与网上交易的个体所需的数字证书。

具体来说，CA 的职能有：

第一，证书的申请，申请方式有离线申请方式和在线申请方式。

第二，证书的审核，可离线审核，也可采用在线审核。

第三，证书的发放，有离线发放和在线发放两种方式。

第四，证书以及持有者身份认证查询。利用 CA 服务器，用户可以在线查询证书的生成情况，也可在线认证证书持有者。CA 必须保证 24 小时×365 天在线提供服务，并要有足够的带宽，以保证查询的速度。

第五，证书的归档。

第六，证书的撤销，CA 根据持有者的应用情况，可在数字证书的有效期内将其吊销，并公示于众。

第七，证书的更新，主要有人工密钥更新、自动密钥更新。

第八，证书废止列表的管理。

第九，CA 自身密钥的管理。

以数字证书为核心的加密技术可以对网络上传输的信息进行加密和解密，确保网上传递信息的机密性、完整性。

在网上开展智慧旅游电子商务时，参与各方都须使用数字证书来表明自己的身份，并使用数字证书来进行有关的交易操作。通俗地讲，数字证书就是个人或单位在 Internet 上的身份证。数字证书主要包括三方面的内容：证书所有者信息、证书所有者信息的公开密钥和证书颁发机构的签名。例如，一个标准的 X.509 数字证书包括证书的版本信息、证书的序列号、证书所使用的签名算法、证书的发行机构名称及其用私钥的签名、证书的有效期和证书使用者的名称及其公钥的信息。

# 第五节　智慧旅游电子商务模式新探索

## 一、在线旅游企业代理中介服务模式

在线旅游企业通过和旅游资源要素企业，如酒店、航空公司、景区以及旅游经营商等签订协议，从其销售收入中提取一定比例的佣金。

在这种模式中，在线旅游企业扮演着交易平台的重要角色，其丰富、多元的旅游信息和便捷、安全的支付渠道，促进了游客的支付预订，也提升了旅游企业的盈利效率，最终引导旅游行业的变革。

## 二、传统旅行社产品组合服务模式

传统旅行社在线下市场积累了多年资源和经验，有着丰富的旅游产品组合能力，过去主要以线下门店获取游客订单。而随着互联网的发展，一些传统旅行社开始发展线上渠道，将线下资源与线上渠道相结合，开展线上产品选择和支付交易的旅游电子商务新模式。

　　游客购买旅游产品的过程是相对复杂的决策过程，包括前期的信息收集和产品筛选，对目的地和产品的详细咨询沟通，购买时的支付、签约和证照材料交接等。在此过程中，既需要线上的效率化和标准化服务体系，也需要良好的人际体验服务。传统旅行社积累多年的市场资源和经验，对保证服务水平无疑有极大的优势。在与线上平台的相辅相成之下，旅行社实体店的服务品质这一核心竞争力能够得到充分发挥。

# 三、移动旅游网络媒介服务旅游模式

　　移动旅游网络媒介包括移动旅游垂直搜索平台、移动旅游网络社区、移动旅游点评平台等，这些媒介只提供一个旅游企业与游客沟通的平台，并不参与到旅游企业和游客的交易中。其中，移动旅游网络社区和移动旅游点评平台是以游客产生内容为主体的旅游媒介，而移动旅游垂直搜索平台是以旅游企业信息为主体的旅游媒介。

　　在这种模式下，移动旅游网络媒介扮演着信息接收与转换中枢的角色，旅游信息在游客旅游决策、旅游体验，以及旅游企业旅游经营、改革发展的过程中起到了关键的作用，而正是通过移动旅游网络媒介，旅游信息实现了互动交融，旅游信息的接收和传播方式在一定程度上决定了旅游业的发展效率。

# 四、旅游资源要素企业形式丰富的旅游模式

　　旅游资源要素企业可以根据自身的发展需要，采用灵活多样的产品销售模式，既可以是代销，也可以是直销。

　　选择在线直销模式，是大型旅游企业树立品牌、建立客户关系和增加收入的重要战略举措。旅游企业在线直销模式涉及网络交易平台和旅游企业的

App 预订平台。旅游企业直接面向游客的 PC 客户端或者移动智能设备端（如手机等）进行产品宣传、销售并提供售后服务，降低中间成本。

旅游企业在线直销模式是传统实体旅游企业由线下走向线上的重要战略，在线直销可以使旅游企业充分接触市场，在第一时间针对旅游市场的变化改变产品和经营策略。多元化的直销模式能够促进旅游企业的发展，并进一步带动整个旅游行业的发展变革。

# 参 考 文 献

[1] 鲍军.智慧旅游与美丽乡村建设的协同路径探索[J].山东农业工程学院学报，2024，41（7）：79-83.

[2] 鲍润华.智慧旅游理论与实践研究[M].成都：电子科技大学出版社，2017.

[3] 陈满杰，王思桃.数字赋能乡村智慧旅游路径研究[J].旅游与摄影，2024（9）：30-32.

[4] 陈薇.大数据时代智慧旅游管理与服务[M].北京：中华工商联合出版社，2021.

[5] 陈哲.智慧旅游环境下的西安旅游经济发展新模式[J].西部旅游，2024（1）：51-53.

[6] 邓宁.智慧旅游导论[M].武汉：华中科技大学出版社，2023.

[7] 豆媛媛，颉洁，李思瑶.数字经济背景下甘肃省智慧旅游高质量发展策略研究[J].市场瞭望，2024（8）：22-24.

[8] 方荣辉.全域旅游背景下滨州智慧旅游创新发展实证研究[J].山东广播电视大学学报，2019（1）：86-88.

[9] 高飞.数字素养视角下校企多元协同育人平台构建与实践：以智慧景区开发与管理专业为例[J].天津职业大学学报，2024，33（3）：62-69.

[10] 汉思.旅游管理创新理论[M].长春：吉林文史出版社，2019.

[11] 贾慧.重庆市智慧旅游景区创新开发管理模式研究[J].现代营销（经营版），2020（12）：56-57.

[12] 金小琳.智慧旅游背景下金华地区博物馆"数字＋文创"发展研究：以中国木雕博物馆为例[J].东方收藏，2024（6）：28-30.

[13] 李倩，胡昊天，刘星恒，等.智慧旅游应用实施路径和成效研究：以武汉市黄陂区为例[J].中国标准化，2024（13）：161-165.

[14] 李潇璇.互联网思维下的智慧旅游创新发展研究[J].佳木斯职业学院学报，2018（9）：437,439.

[15] 李星.基于游客满意度的智慧旅游景区建设提升策略研究[J].旅游与摄影，2024（10）：16-18.

[16] 李娅兰.全域旅游视角下苏州市光福镇智慧旅游规划研究[J].城市建筑，2023，20（24）：88-90.

[17] 梁旭楷，杨曦，文正昌，等.大数据背景下黔东南州智慧旅游建设体系研究[J].数字通信世界，2024（5）：164-166.

[18] 廖萍，王莎莉，裴素华，等.智慧旅游背景下苏州古城文化旅游创新发展研究[J].公关世界，2023（12）：58-60.

[19] 林筱筠.智慧旅游背景下传统 4A 级景区升级路径研究[J].西部旅游，2024（10）：1-3.

[20] 刘磊.智慧旅游研究的知识图谱与热点主题分析[J].智能城市，2023，9（11）：77-80.

[21] 栾玲.基于大数据背景的智慧旅游管理模式[J].山西财经大学学报，2024，46（S1）：67-69.

[22] 玛若冰.计算机网络攻防技术在智慧旅游系统中的应用研究[J].软件，2024，45（6）：118-120.

[23] 毛爱华.智慧旅游环境下甘南乡村旅游经济发展新模式探究[J].广东蚕业，2024，58（5）：151-153.

[24] 孟岩.长尾理论视角下智慧旅游平台商业模式创新研究[J].理论观察，2024（5）：114-119.

[25] 米莉，褚占龙.大数据赋能景区智慧旅游管理创新研究[J].旅游纵览，2024（12）：61-63.

[26] 倪建军,周庆婷.基于游客满意度提升的智慧旅游景区建设探讨[J].西部旅游,2023(21):20-22.

[27] 潘妍,李芮.智慧旅游发展背景下的旅游服务营销创新[J].读天下(综合),2017(16):285.

[28] 齐锐.齐齐哈尔市智慧旅游服务创新模式构建及发展路径研究[J].旅游纵览,2022(1):118-121.

[29] 施蓓琦,瞿雯,朱璇.智慧旅游信息服务老年用户体验探索性研究[J].资源开发与市场,2024,40(6):801-813.

[30] 史姗姗.智慧旅游管理与实践研究[M].长春:吉林人民出版社,2022.

[31] 孙昌博,汪克会.数字社会科学视域下智慧旅游教学模式探索与实践[J].山西青年,2024(12):23-25.

[32] 滕跃.吉林市"智慧旅游"管理现状及发展策略[J].现代交际,2019(21):91-92.

[33] 王伟毅.智慧旅游背景下的高职旅游类专业建设定位与内涵式发展路径研究[J].旅游与摄影,2024(10):137-139.

[34] 王宜太.5G赋能智慧旅游应用场景创新探究:以某县5G智慧旅游应用为例[J].通讯世界,2024,31(6):157-159.

[35] 王长春,双海军.专业集群视角下物流管理课程体系创新:以智慧旅游产业专业服务群为例[J].物流科技,2023,46(13):176-178.

[36] 魏晓颖.智慧旅游新业态下高职院校旅游管理专业教学人才培养方案的改革与创新研究[J].旅游纵览,2022(5):42-44.

[37] 魏卓明.关中平原城市群智慧旅游同城化一体化建设的理论逻辑和实现路径[J].天水师范学院学报,2023,43(6):36-45.

[38] 吴蓓蕾.基于智慧景区的生态旅游经济发展政策思考[J].喜剧世界(上半月),2023(10):108-110.

[39] 吴梦.智慧旅游视角下旅游专业人才培养创新策略研究[J].西部旅游,

2023（18）：72-74.

[40] 谢汶琏，杨坪川，周爽，等.大数据技术助推农村旅游智慧创新发展研究[J].新农业，2022（13）：68-69.

[41] 闫东坡，原燕妮，毛贞炜，等.开封市红色博物馆智慧旅游系统建设研究[J].旅游纵览，2023（22）：86-89.

[42] 闫巧致，黄晓君，林哲.智慧旅游大数据应用分析[J].西安航空学院学报，2023，41（5）：67-75.

[43] 杨春梅，曾涛.黑龙江省智慧旅游发展现状与对策[J].时代经贸，2024，21（4）：168-170.

[44] 杨栋.智慧旅游运营实务[M].北京：旅游教育出版社，2022.

[45] 杨静荷，张利娜，李雨欣，等.智慧旅游研究30年：国内外文献回顾与展望[J].电脑知识与技术，2024，20（15）：5-8.

[46] 杨前.“智慧旅游”趋势下旅游管理专业人才培养模式的创新探究[J].全国流通经济，2018（27）：56-57.

[47] 杨永鹤.智慧旅游背景下高职院校旅游管理专业教学改革研究[J].旅游与摄影，2023（20）：82-84.

[48] 姚铮，孙雨露，路菁.数字文旅视域下移动智慧旅游平台功能拓展需求分析[J].江苏科技信息，2024，41（9）：105-109.

[49] 于娜.乡村智慧旅游发展与管理探究[J].广东蚕业，2020，54（1）：54，58.

[50] 张广海，闫义莹.智慧旅游城市建设对旅游经济发展的影响：基于双重差分法的政策效果评估[J].泰山学院学报，2023，45（6）：80-93.

[51] 赵黎明.旅游景区管理学[M].3版.天津：南开大学出版社，2021.

[52] 赵梓菡，陈虎.智慧旅游对城市国际化的驱动原理研究[J].智能建筑与智慧城市，2023（10）：19-21.

[53] 中共河南省修武县委，河南省修武县人民政府.全域旅游的修武美学实

践[M].北京：中国旅游出版社，2020.

[54] 中国旅游研究院.中国旅游景区度假区发展报告（2022）[M].北京：旅游教育出版社，2022.

[55] 仲召红.融媒体时代下智慧旅游发展模式与路径创新探索[J].芜湖职业技术学院学报，2022，24（1）：57-60.